オーナー社長の悩みを解決!

事業承継 成功の秘訣52

税理士法人チェスター

GENTOSHA
幻冬舎MC

はじめに

帝国データバンクによると、2020年の社長の平均年齢は過去最高で60歳となり、後継者不在率が65％となりました。社長平均年齢の上昇は、年齢に関係なく第一線で活躍し続ける社長が多いことを示していますが、その反面、事業承継の課題が浮き彫りになっています。しかし事業承継を早期から正しく行うことは簡単ではなく、オーナー社長の悩みは尽きません。

例えば、

「自社株の評価額が高騰してしまって、多額の相続税がかかりそうだ」

「早めに後継者に自社株を渡したいが、どんな方法がいいのか分からない」

「複数の子どもがいるなかで、誰を後継者にすべきか分からない」

「親族に株式が分散してしまっていて、後継者に集中させることができない」

「事業承継税制に興味があるが、顧問税理士に尋ねても要領を得ない」

等々、読者の皆さんも、多かれ少なかれ、心当たりがあるのではないでしょうか。

こういった悩みを抱えているものの、どう対処すればいいか分からないために特段の対策も講じられないまま、現経営者の高齢化、あるいは事故や病気などの事情が生じたことなどで承継が発生してしまうと、後継者の方が非常に困った状況に陥ります。実際、そうなって初めて「こんなはずではなかった」と驚かれて、私たちのところに相談に来る後継者もたくさんいらっしゃるのです。

そうなってからでも取り得る対応策もなくはないですが、やはりある程度長い時間をかけて、計画的に準備をしておくほうが、より確実に効果的な対策が実施できることは間違いありません。そのヒントをつかんでいただくことが、本書の目的です。

私たちは、２００８年の創業以来、相続や事業承継を専門とする税理士法人として活動してきました。現在では、税理士、公認会計士、弁護士など、数多くの専門士業者を抱え、日本全国の中小・中堅企業経営者の相続・事業承継の悩みに応えています。

その豊富な経験のなかから、典型的な悩みや問題をまとめ、最新の税制・法令に基づいた解決策の概要をまとめたのが本書です。

本書では、事業承継で生じるさまざまな課題や問題を、

・税金に関する悩み
・後継者に関する悩み
・経営権に関する悩み
・〝争続〟に関する悩み

に類型化し、それぞれの類型において達成したい「目的」別に、複数の対策方法を提示しています。

本書の目次をパラパラとめくっていただければ、「そうそう、これで悩んでいたんだよ」とか「いわれてみれば、うちもこれに当てはまるな」と感じる項目が、３つや４つは必ずあると思います。

そうしたら、該当項目の対策方法を読んでみてください。必ずしも最初から通読していただく必要はありません。

各対策の項目では、税務などの専門知識がない方にも分かりやすく、対策の概要、効果の大きさ、取り組みやすさなどをまとめています（自社株式の相続税評価などの多少専門的な解説は、巻末にまとめました）。

もとより、このコンパクトな書籍で、各対策の細かい実施方法をすべて解説することはできません。その意味で本書は、実際にご自身で対策を実施していただくための「マニュアル」ではなく、「こういう方法がある」ということを知っていただくための「ガイドブック」としての役割を意図しています。具体的に各対策を実施される場合は、事業承継の実務経験が豊富な専門家へ相談したうえで、準備を進めてください。

本書の導入部分となる第1章では、事業承継を考えるに当たっての基本を解説し、そのなかで相談すべき専門家の選び方についても触れています。詳しくは該当箇所を読んでいただきたいのですが、私たちは、事業承継対策を準備する際には、「セカンドオピニオン」

を取ることがとても大切だと考えています。

ほとんどの会社には、決算書の作成や法人税の税務申告をお願いしている顧問税理士がいるでしょう。まずはその税理士に事業承継の相談をするのが普通です。しかし、法人税の申告業務と事業承継の税務とは、まったくといっていいほど異なる分野の業務なのです。

もちろん、顧問税理士には、毎年の税務申告という大切な役割がありますので、それは引き続き担っていただくとして、経営者の人生のなかでおそらく1回限りの事業承継に関しては、ぜひそれを専門にしている税理士などに「セカンドオピニオン」の相談をされることをおすすめします。そのうえで、顧問税理士にもご協力いただきながら事業承継準備を進めれば、万全の体制が敷けるはずです。

セカンドオピニオンを取る際に、「この本にはこんな方法が書かれているんだけど、うちの会社でも使えますか」と本書を提示しながら尋ねていただくのもよいでしょう。本書はあくまで概要のみをまとめた本ではありますが、専門家が見ても間違いのないしっかりした内容を記していると自負しています。

ぜひ、本書をきっかけとして、適切な事業承継の準備に取り組んでいただき、経営者ご自身をはじめ、後継者、ご家族、社員、その他、会社に関わるすべての方の、幸せな将来の礎を築いてください。

オーナー社長の悩みを解決！ 事業承継成功の秘訣52 目次

［第2章］ 株式の贈与や相続で納税額が高額に……――よくある税金の悩みを解決

［第4章］経営支配権を集中させ、経営を安定化する
――株主や経営支配権に関する悩みを解決

［第1章］

知っておきたい事業承継の基礎知識

事業承継は経営者人生の集大成となるイベント

「そもそもなぜ事業承継を考えなければならないのか」「事業承継においてよく問題となるポイントはどこか」、そして、「事業承継について相談する相手はどんな人がいいのか」といった事業承継の基本について解説していきます。

創業社長であれ、先代から会社を引き継いだ二代目、三代目の社長であれ、オーナー経営者は、自分と会社、そして家族を一体的に見渡し、そのすべての存続と発展に努めてきたはずです。その意味で、創業からの歴史と重い責任を双肩に感じながら経営に当たっているのが、オーナー経営者です。

長い経営年月のなかでは、会社を存続させ社員と家族を守るため、時には地べたをはいずり泥水をすするような艱難辛苦を味わったこともあったでしょう。実際、不幸にも経営破綻の憂き目にあう経営者も多いなかで、事業承継の必要が生じるまで経営を続けてこられたことだけでも、十分賞賛に値することなのです。

そして、その経営者人生を締めくくる、いわば集大成となるのが事業承継の成功にほかなりません。

会社の生命は、事業承継によって続いていく

自分がリタイアしたあと、あるいは亡くなったあと、会社がどうなってもかまわないというのであれば、事業承継を考える必要はありません（その場合でも、社員や取引先など関係者に迷惑をかけないための会社の「終活」は必要です。それについては別途ご説明します）。

しかし、ほとんどのオーナー経営者はそう考えないはずです。

「自分が命がけで守り育ててきた会社を、ぜひ次の世代も守り、できればより大きく育ててほしい」、多くのオーナー経営者はそう考えます。そこで、事業承継の準備が必要になるのです。

人間の命には限りがあり、どんな人でもいつかその生の終わりは訪れます。しかし、会社は違います。しっかりと事業を承継し、次の世代に正しくバトンを渡すことができれば、

100年、200年と命を継いでいくことができるのです。この、会社に新しい命を吹き込み、その生命を引き継いでもらうというプロセスが、事業承継にほかなりません。その意味で、事業承継は、長期的な経営計画、事業計画の一部として位置付けられるものであり、しっかりした準備と計画をもって取り組まなければならないものなのです。

もし準備不足のまま、事業承継を迎えることになったら……

このように事業承継の重要性を説明すると、ほとんどの経営者の方は「確かにそうだな」とおっしゃいます。しかしその一方で、「でも、自分はまだまだ働けるのだから、まだいいだろう」と、ずるずると事業承継を先延ばしにしてしまうオーナー経営者も少なくありません。

オーナー経営者——特に、自分で会社を興した創業経営者——にとって、会社は人生の結晶のようなもの。事業を承継してその会社から去ることに対して、なかなか決心がつきにくい気持ちも理解できます。また、昔と比べて、高齢になっても心身の健康を保てる医療やヘルスケアの環境が整い、元気でいられる年齢が延びていることも、経営者の高齢化、在職の長期化の背景にあるのでしょう。

しかし、適切なタイミングで事業承継の準備を整えておかなかったために、深刻なトラブルを招くことも少なくないのです。

その典型が、経営者が急な病に倒れて亡くなったり意識不明になったりする場合、あるいは、認知症になってしまうケースです。

もし、事業承継の準備をしないまま経営者の意識が失われたり、亡くなったりしてしまうと、残された社員や家族は非常に困ったことになります。一つは、会社の経営をどうしていくのかという経営継続の点において、またもう一つは、相続における遺産分割や相続税といった財産面において、さまざまなトラブルが予想されます。

事業承継の準備をしないまま経営者が重い認知症になり、意思能力（判断能力）が失われてしまった場合、経営者が保有する預貯金などはもちろん、株式など経営に関わる資産も、事実上「凍結」された状態になってしまいます。代表取締役を解任するとしても、法的な要件をクリアする必要があります。急逝した場合以上にやっかいな事態になることも多々あるのです。

そのようなリスクがあるために、メインバンクや取引先などは、オーナー経営者がある程度の年齢になると、「事業承継についてきちんと考えて、準備を進めているだろうか」と懸念するようになります。また、経営に対する意識の高い社員がいれば、やはり同様の心配をします。経営者がきちんとした見通しや準備の状況を示せていれば問題ありませんが、そうではない場合、信用リスクとしてとらえられたり、社内の不安を招いたりすることもあります。

事業承継の準備は、現状の把握から

事業承継の準備を進めるといっても、何から考え、どう手をつければいいのか分からない、という方も少なくないでしょう。

法律的にいえば、事業承継とは、経営権を維持できるだけの議決権数相当の株式を後継者に移転させることです。つまり、贈与や譲渡によって、後継候補者に一定数（議決権の3分の2以上、最低でも過半数）の株式を移転すればいいということです。そこで後継者候補の観点と、株式（自社株）の移転の観点から、現状を把握して、問題点を洗い出します。

まず後継者候補がいるのかいないのか、いるとすれば親族なのか、親族外（役員・従業員など）の人なのか、その候補にいつまでに、どうやって経営者としての技能や知識を身につけさせて、事業を任せられるようにしていくのか（後継者教育）、などの検討です。また、後継者候補がいないとするならば、外部から招聘するのか、それともM＆Aで会社の売却を検討するのか、考えなければなりません。

一方、株式の観点としては、株式には、会社を支配する「経営権」（株主総会での議決権）という側面と、「財産権」（株価がつく資産）という側面の両方があることを押さえておかなければなりません。経営権については、なるべく後継者に集中させて承継させるほうが経営の安定性を高めます。しかし、財産権については、子どもなどの親族が後継者になる場合には、相続が密接に関係してきます。相続の公平性（〝争続〟の防止）という点からは、株式を分散させる（例えば兄弟に平等に贈与する）ことになってしまいます。また、株式は、評価額や移転の方法によって、課税額も大きく変わってきます。いかに会社や個人資産からのキャッシュアウトを防ぎながら株式を移転させるかという点も、当然重要な関心事になるでしょう。

このように、後継者と株式という2本の柱を中心に、会社、株主、経営者の個人資産、家族などの現状がどうなっているのかを把握することが、事業承継の第一歩となる「現状分析」です。あわせて、将来どのように会社を継いでほしいのかという、経営者としての想いも確認しなければなりません。

次に、正確な現状分析と想いの確認をしたうえで、現時点で、あるいは、一定年月後の将来事業承継が発生した場合に生じる可能性のある問題やリスクを洗い出します。そして、経営者の想いを反映した事業承継を実現するために、問題やリスクをどう解決していくのか、取り得る具体的な対策を検討します。対策には、時間がかかるものもあるので、中期的な計画を立て、順次実行していきます。

この全体が事業承継対策のプロセスということになります。

相続・事業承継対策は、専門の税理士に相談するのがベター

事業承継の準備に向けた現状分析や、事業承継対策の計画と実施においては、会計・税

務や法務の専門知識が不可欠であるため、専門家に相談しなければなりません。

オーナー経営者が事業承継について最初に相談する相手として最も多いのは、毎年の決算書作成や法人税申告をお願いしている顧問税理士でしょう。なかには、顧問税理士から、「そろそろ事業承継対策について考えたほうがいいのでは」とアドバイスされたことをきっかけに、事業承継について考え始めた経営者もいるかもしれません。

ところが、実際には事業承継や相続に際して顧問税理士が適切なアドバイスができるのかというと、残念ながらそうではないケースが大半なのです。

「同じ有資格者なのだから、税理士なら誰に頼んでもたいした違いはないだろう」と思われるかもしれません。しかし、それは完全に誤解です。同じ税理士でも、法人の申告業務を主業務として行っている税理士と、相続・事業承継を専門にしている税理士では、専門性がまったく異なります。同じ医師でも、内科と外科の専門性が異なるのと同様です。「同じ医者だから」と考えて、骨折のときに内科に行き、腹痛のときに外科に行く人はいないでしょう。適切な治療を受けるためには症状に応じた専門医にかからなければならないように、事業承継に際しても、専門の税理士などに依頼をすることがベストです。

その主な理由は、次の3点です。

①業務経験回数の違い

税理士にとって、法人税の申告は顧問先ごとに毎年必ず業務が発生するため、多くの業務経験を積むことができます。ところが、事業承継や相続は、一人の経営者の人生において通常は一度しか発生しません。顧問先ごとに、30年に1回くらいしか発生しない業務なのです。10年の顧問経験を持つ税理士でも、顧問先の相続・事業承継に一度も遭遇していないということが、まったく珍しくないのです。そのため、それを専門で扱っていない税理士は、なかなか業務経験を積むことができません。

税理士向けの業務マニュアルもありますので、特に難しい部分がない型どおりの相続や事業承継であれば、処理できるかもしれません。しかし非専門の業務を扱うと、やはり時間がかかりますし、間違いが生じる可能性も相対的に高くなるでしょう。

その点、相続・事業承継専門税理士は、毎年何件も相続・事業承継業務を担当し、多くの経験を積んでいます。その実績をベースとして、コツやノウハウを蓄積しているため、対応スピードも速く、しかもミスのない仕事が可能になるのです。

②扱う税目や関連する法律の多さ

通常の法人の決算申告業務においては、法人税を中心にあとは消費税等の知識がベースとなります。一方、相続・事業承継業務における税務では、それに加えて、相続税、贈与税、所得税など、複数の税目を理解し、それらにまたがる処理を行わないと、依頼者にとって最適なソリューションを提案することができません。それらの複雑度が高いことも、専門税理士以外には、相続・事業承継の業務が難しい理由です。

さらに、事業承継においては、税法以外に、会社法や民法、場合によっては労働法などの法務が関係してくることがあります。実際の法務処理は適宜弁護士や司法書士に任せるとはいえ、やはり知識がないと、最適なソリューションの提案ができないことがよくあります。法人決算申告ではほとんど関係しないような業際的な法律の知識とノウハウが必要になるのです。これも、専門の税理士に任せたほうがいい理由となります。

③税務申告とは別に、交渉力や合意形成能力も求められること

通常の法人税の申告業務では、税理士が行う仕事は、資料をベースに計算をして書類を作成することがほとんどすべてです。

一方、相続・事業承継においては、それらの計算や書類作成業務に加えて、関係者との交渉や合意形成も担当税理士の重要な役割になります。

なぜなら、相続・事業承継では、経営者、後継者候補以外に、ご家族、少数株主、従業員、金融機関、取引先など、利害が異なるさまざまなステークホルダー（利害関係者）が関係してくるためです。それらの人たちと交渉を重ねながら、適切な合意形成を図ることも、事業承継サポートをする税理士の仕事になるのです。法人税の申告業務を主にしている税理士は、こういった交渉事をしたことがなく、苦手としている場合がよくあります。

顧問税理士と、事業承継専門税理士が協力して経営者を支えるのがベスト

これらの理由により、同じ資格を持ち、同じ「税理士」という肩書きであっても、法人の税務申告を主要業務としている税理士では、相続・事業承継に適切に対応できないこと

が多いのです。

そこで、経営者の方には、事業承継の相談は、ぜひ相続・事業承継専門を掲げている税理士にされることをおすすめします。

もちろん、せっかく顧問料を払って顧問税理士の先生に依頼をしているのですから、毎月の監査の際などに、いったんは顧問税理士の見解を聞いてみるのもいいでしょう。顧問税理士を、いわば「かかりつけ医」のようなものだと考え、まずはかかりつけ医に相談する感覚です。

それとあわせて、いわば「セカンドオピニオン」として、相続・事業承継の「専門医」である専門税理士の意見を求めるというプロセスを踏んでもいいでしょう。

そのうえで、顧問の先生には、「毎年の税務申告はこれまでどおり先生にお願いしますが、事業承継対策は、専門にしている税理士に頼みます」と伝えます。その際に、「他の税理士に頼んで、顧問の先生が気を悪くするのではないか」と心配に思われるかもしれません。

しかし、私たちのこれまでの経験上、それで気分を害したり、文句を言ったりする顧問の税理士は、まずいません。むしろ、お互いに得意なところで力を発揮して、協力しながら依頼者をサポートしましょうと、積極的に協力してくれる税理士がほとんどです。

事業承継専門税理士はどう選べばいいのか

事業承継専門の税理士の相談を考えた際、相続・事業承継のサポートをうたっている税理士事務所は全国にたくさんあります。そのなかから、依頼する税理士事務所を選ぶにはどうしたらいいのでしょうか。

まず、顧問税理士、あるいはメインバンクの担当者、商工会議所などに紹介してもらうのが、一つの方法です。あるいは、今はどの事務所も充実したホームページを作成していますから、検索して電話やメールなどで連絡するという方法もあります。

事業承継対策の実施に当たっては、当然ながら、会社や家族の人間関係、お金など、通常は他人には見せない会社や家族の実情を、デリケートな部分まで含めて、すべて知らせて、それに応じた対策を考えてもらわなければなりません。お金や人間関係について隠しごとをしながらでは、最適なソリューションを作成してもらうことは難しいのです。

したがって、依頼する相手が信頼できるかどうかという点が、非常に重要です。もちろん、税理士には守秘義務がありますし、また守秘義務契約も結びますが、それとは別に、しっかり話を聞いてくれるか、安心してすべてをさらけ出せるか、といった「フィーリング」的な部分も含めて、よく確認すべきです。また、信頼性という点では、事務所の規模や歴史、実績も、ある程度は考慮すべき要素だと思います。

業務委託契約を結ぶ前の相談時に、考えられる対策案の概要を示してくれるはずです。その際に、会社の規模、事業承継の複雑さにもよるのですが、できればいくつかの対策案の提示があり、選ばせてくれるような税理士事務所だとよりよいでしょう。

逆に、困っていることや心配ごとなどの話をあまり聞いてくれず、対策案も一案のみを提示してそれを押しつけるような税理士事務所だと、うまく付き合っていくことは難しくなるかもしれません。

実際の業務委託契約を結ぶ前に、これらの点を、よく確認しておく必要があります。

なお、東京や大阪、福岡といった大都市であれば、どこでも、事業承継を専門とする税理士事務所はあります。しかし、税理士事務所の所在地は特段気にする必要はありません。

現在はオンラインでもかなりのやり取りができますし、対面して話す必要があるときには出張して訪ねてくれるはずです。

［第2章］

株式の贈与や相続で納税額が高額に……

――よくある税金の悩みを解決

■株式を移転する際には、必ずお金まわりの問題が生じる

本章では、多くの中小企業経営者が事業承継に際して直面する「お金まわり」の悩みや心配ごとを取り上げ、それを解決するための対策法について見ていきます。

中心となるのは、自社株式の移転コストに対する対策です。

第1章で確認したように、事業承継を法律的に完成させるには、経営権としての株式を、経営支配を維持できる議決権数（総議決権数の3分の2以上）分だけ、後継者に移転しなければなりません。

一方、株式には財産権という側面がありますので、その財産権は金額（株価）として評価されることになります。普通株式の場合、経営権と財産権を分離させることはできないので、事業承継として後継者に経営権を移転させようとすれば、当然、財産権も同時に移転させることになります。

そして、自社株式を後継者に移転する方法は、相続、贈与、譲渡の3種類しかありませ

ん。相続や贈与であれば、相続税、贈与税の課税・納税の問題が生じます。また、譲渡、つまり後継者が株式を購入するのであれば、その購入資金を負担しなければならず、また、譲渡所得税の問題が生じます。つまり、どんな形で株式を移転する場合でも、そこには必ず「お金の問題」が絡んでくるということです。

その際に、経営者を悩ませる問題が2点あります。

非上場企業の株式は、現金化がほぼ不可能な財産

1点目は、非上場企業の株式は、財産権としての価値をもつとはいっても、それはいわば名目上の価値とでもいうべきものであり、実際に現金化することは、ほとんど不可能だということです。上場企業とは異なり、非上場の中小企業の株を第三者が買ってくれることは、まずあり得ないためです。

唯一の例外は、会社自身が買い取る「金庫株」とM&Aという方法ですが、これにもさまざまな制約条件があり、自由に売買できるわけではありません。

つまり、実際は、ほとんど現金化できない財産であるにもかかわらず、相続や贈与によ

る移転であれば、相続税や贈与税の納税資金、また売買による移転であれば適正な購入資金を、現金で用意しなければならないのです（譲渡代金と取得費の差額は譲渡所得税の対象となり、また、譲渡代金が税務上の適正価額よりも極端に低い価格だと、評価額との差額が贈与と見なされます）。

この自社株が「現金化できない財産」であるにもかかわらず、移転に際しては現金が必要になるという点が、経営者を悩ませる1点目です。

いい会社にするほど、事業承継時の移転コストが高くなるという罠

次に、2点目は、好業績・好財務の優良企業であればあるほど、自社株の評価額が高騰しているという点です。

創業経営者のなかには、会社を起ち上げるときに資本金として出資した金額や、現在の資本金額でイメージなさっている方もいます。例えば、起業時に1000万円の出資でスタートした会社で、その後も増資をせずに資本金1000万円のままなら、なんとなく、自社株式の価値は1000万円、というイメージでとらえているということです。

しかし、現在の株式の評価額は、あくまで現在の会社の価値をベースとして計算されるものであり、出資金額はほとんど関係ありません。そして、長く続いてきて事業承継を迎える会社は、ほぼ例外なく企業価値が大きく向上しているため、株価も高騰しています。

基本的には、会社の価値が高くなればなるほど株価も高くなるので、経営者が必死で努力して事業を拡大して、会社を良くすれば良くするほど、株式の評価額も高くなります。つまり、1株ごとの財産権が大きくなり、ひいては、事業承継に際しての相続税・贈与税などの移転コストが高額になります。

逆に、放漫経営で万年赤字体質、倒産寸前のような企業はどうでしょうか？　この場合、株式評価額は相対的に低くなり、株式移転に際しての障害は小さくなります。端的にいえば、「いい会社になればなるほど、株価が高騰して株式移転コストが大きくなる一方、赤字会社や債務超過の会社ほど株価が低くなり、移転コストが小さくなる」ということです。しかし、万年赤字体質、倒産寸前のような会社であれば、そもそも後継者に承継する価値があるのでしょうか？　あるいは、後継者が承継したくなるのでしょうか？　疑問が生じます。

そんなわけで、多くの経営者は「じゃあ、どうすればいいんだ……」と悩んでしまうのです。

自社株評価が一時的に下がるタイミングを見つける

そこで、対策のポイントとなるのは、本来的な企業の価値や成長性は維持したまま、自社株の評価が一時的に下がるタイミングで株式を移転することです。

ただし注意しなければならないのは、タイミングを逸すると効果が得られませんし、それにより、事業に悪影響が生じるような対策をすることは本末転倒だということです。そのため、タイミングとバランスとに十分配慮して計画・実施されなければなりません。

また、自社株の移転コストが下がる方法は、必ずしも自社株評価対策だけではありません。暦年贈与、相続時精算課税など、以前からある課税の特例制度を適切に用いることが効果を発揮する場合もあるので、その点も解説しています。

さらに、相続税・贈与税をかけずに移転することができる「事業承継税制」も、条件や期限の制限はありますが、適用が受けられれば、非常に大きな効果を発揮します。そこで、同制度についてもある程度ページ数をとって詳しく解説していきます。

■悩み（1）自社株の評価が下がるタイミングで株式を移転したい

自社株式の評価が下がるタイミングで株式を移転すれば、移転コストは低く済みます。

そして、自社株式の評価が下がる理由には、大別すると次の3つがあります。

①会社の業績（損益計算書上の利益）が低下すること
②貸借対照表の純資産額が減ること
③その他（会社組織が変更されたこと、移転する株式数が削減されたこと、など）

そこで、これらの状況が生じるタイミングをうまくとらえて、それにあわせて株式移転をするのが、ここでの対策方法になります。

ところで、株式市場で取引されない非上場企業の株価を、どうやって評価するのか、その計算方法は、国税庁の通達によって定められています。できれば、その評価方法の考え方を理解していただいたほうが、対策の中身についても理解しやすいと思われます。そこで本書の最後に、解説をまとめておきました。余力がある方は、ご一読ください。

対策1　社長の役員報酬を増額する

会社から毎月、社長に支給している役員報酬の金額を増やすという方法です。

役員報酬を増額すると、その増額部分を費用として計上できます。仮に役員報酬を年間1000万円増額すれば、その分だけ会社の利益が減ることになるわけです。また、支払った分だけ現金が流出するので、貸借対照表上の純資産を減らす効果もあります。その結果として、自社株の評価額が下がるというわけです。

さらに、役員報酬は役員退職金計算の基準となるため、あとの項目で説明する「役員退職金による自社株評価対策」の効果を増大させるという、合わせ技のような効果もあります。

ただし、いくつかの注意点があります。

まず、税務上では、役員報酬の改定が認められるのは、原則年1回、期首（事業年度開始日）から3カ月以内のみです。また、いくらでも好きな金額に増額できるわけではありません。高すぎる役員報酬は、税務上の損金として認められなくなる可能性があります。例えば、業績悪化が続いていて赤字すれすれといった状況なのに、役員報酬を2倍に増やしたら、税務当局から合理性がないと判断され、増額部分の損金算入が否認される可能性があるでしょう。いくらまでの増額なら認められるのかは、明確な数値基準がないため、顧問税理士などに相談して、判断をあおぐ必要があります。

また、もう一つの注意点は、社長個人に課せられる所得税・住民税が増えることです。法人のほうでは増加した分の役員報酬を損金に計上することで法人税が減ります。しかし、役員報酬が高額であれば、法人税（実効税率30～35％）よりも所得税＋住民税（最高税率55％）のほうが高くなるため、その年度での法人と個人をあわせた総合的な課税額は増えてしまいます。

さらに、もしその増えた分の報酬を使わずに、預金などとして残したままで社長が亡くなってしまい、相続が発生すると、その分、相続税も増えることになります。

つまり、①税務上、損金算入できる役員報酬額はそれほど大きくない、②個人の課税上は不利になることが多い、というデメリットがあるのです。そのため、これだけで大きな効果を期待できる対策というよりは、役員退職金などとあわせた効果を狙って、長期的に取り組む対策だといえるでしょう。

対策2　役員退職金を支給する

後継者の育成が順調に進み、いよいよ現オーナーが代表取締役を退くときには、役員退職金を支給します。この役員退職金支給時は、自社株の株価が大きく下がるタイミングになります。そのタイミングにあわせて後継者へ株式の移転をするのは、事業承継対策として、非常に有効な方法となります。

また、役員退職金は所得税法上大きな控除が認められており、通常の報酬と比べて課税負担が少ないため、オーナーがリタイア後に豊かな生活を過ごすための資金になりますし、場合によっては、将来の〝争続〟防止対策に利用することも考えられます。

このように役員退職金支給には多くのメリットがあるので、ぜひ効果的な活用を検討していただきたいのですが、知っておくべき注意点もあります。

まず、株価の評価方式の確認です。役員退職金支給により株価が下がる理由は、その期に大きな損金が計上されて法人の所得が減るためです。これは、株価評価が類似業種比準方式の場合には大きな効果を発揮しますが、純資産価額方式の場合は効果が小さくなります（詳しくは巻末付録参照）。自社がどの方式になるのか、あらかじめ確認することが必要です。

もう一つ重要な点としては、株価が大きく下がるタイミングは、退職金を支給した期の翌期ということです。例えば、２０２３年度に退職金を支給した場合、株価が大きく下がるのは２０２４年度であり、この期のうちに株式移転をする必要があります。

さらに退職金の支払いは、会社にとっては現金流出となることにも注意しましょう。キャッシュに余裕がある会社ならいいのですが、余裕がなく、退職金支払いが原因で事業の資金繰りが悪化するようでは本末転倒です。融資を受けたり、次項で述べる生命保険などを活用したりするなどして、あらかじめ退職金支払いの原資を用意しておく必要があります。

最後に、役員退職金の支給に際しては、役員退職金規程の整備、株主総会、取締役会での決議などの手続きが必要なことにも留意してください。これらの事前準備をしておかないと、税務当局から退職金として認められない場合もあります。

なお、退職金の金額ですが、一般的に用いられる「功績倍率法」などで計算される上限金額を超えると、越えた部分は「過大役員退職金」として損金不算入になる可能性があります。ただし、法人では損金不算入でも、個人では全額が課税上有利な退職所得とされるため、過大役員退職金になってもデメリットは小さいという考え方もあります。

対策3　生命保険の活用

以前は、保険料の全額を法人の損金として計上でき、解約返戻金率も高い生命保険商品が「節税保険」などと称して販売されていましたが、2019年の税制改正により、そういった保険の販売はできなくなりました。

しかし現在でも、生命保険は相続・事業承継対策においてさまざまな役割を果たします。保険の種類は多く、加入の仕方もさまざまな形が考えられますが、ここでは、「契約者（保険料＝掛け金を支払う立場）」が会社、「被保険者（保険の対象となる立場）」がオーナー経営者、そして「保険金受取人」が会社、という場合を考えます。

まず、もし突然の事故や病気でオーナーに万一のことがあったときの、会社の経営持続、いわゆるＢＣＰ（Business Continuity Plan：事業継続計画）という観点からは、生命保険の本来の役割である死亡保障が役立ちます。

この場合、満期保険金がない、いわゆる「掛け捨て」タイプの定期保険を使います。定期保険に満期保険金はありませんが、解約をするといくらかの「解約返戻金」が受け取れます（場合によってはゼロ）。そして、解約返戻金率によって、保険料払い込み期間のうち、どの期間でどれだけの保険料が損金として計上できるのかが異なっています。

ＢＣＰのための死亡保険金が目的であれば、最高解約返戻金率が50％以下の定期保険を使います。すると、会社が毎月支払う保険料の全額を損金として計上できます。損金の計上は、会社の所得を減らすことになり、結果としてその分株価が下がることになるため、その点から多少の事業承継対策にもなります。

一方、オーナーの退職金支給の準備を主な目的として加入する場合は、長期平準定期保険や逓増定期保険を用います。いずれも解約返戻金率が高く、解約返戻金を退職金の原資にできます。ただし、解約返戻金率が50％を超えると、その返戻金率に応じて、保険料払い込み期間のうちの一定期間、保険料の一部（40％～90％）を資産計上する必要があります。損金に計上できる部分が少なくなるので、所得を減らす効果はかなり小さくなります。その代わりに、保険金を原資として高額な退職金を支給できるので、先の項目で見たとおり、退職金支給のタイミングでは株価が大きく下がることになります。

ほかにも、最近は、第三分野の保険（ガン保険など）を用いて事業承継対策に利用できる保険商品もあり、さまざまなニーズに応えられるようになっています。

対策4　含み損がある資産の売却、不良在庫の廃棄など

事業承継というのは、まさに会社の資産を承継するものなので、貸借対照表の中身がどうなっているのかを確認し、無駄があればそれを省いておくことは重要です。

無駄な資産の代表が、遊休不動産や利用しないゴルフ場の会員権です。特に、バブルの時代に投資目的で購入し、価格が大きく下がった土地やゴルフ会員権を、使わないままで「塩漬け」にしている会社は、案外多くあります。あるいは投資目的の上場株式などで、大きく値下がりしたまま保有しているものも同様です。

こういった含み損のある資産が計上されている場合、事業承継のタイミングにあわせて、思い切って処分してしまうことをおすすめします。

例えば、簿価1億円で資産計上されている土地の時価が7000万円になっているのなら、売却すれば3000万円の特別損失を計上できます。その分、株価が下がるというわけです。簿価と時価との差、つまり含み損が大きければ大きいほど、効果も大きくなります。

また、含み損のある土地が事業上必要なものである場合に、オーナー経営者が個人の資金で買い取るという方法もあります。その後、会社に貸し付ければいいのです。この場合、適正な価格での売買であれば問題ありませんが、市場価格よりも低廉での売買だと課税上の問題が生じるので、価格には注意が必要です。

また、オーナー社長が買うのではなく、グループ企業間で親会社が子会社に売るようなケースでは、「グループ法人税制」が適用される場合があります。そうなると、損失が計上できないのでこれも要注意です。

含み損のある資産を処分するという考え方は、不良在庫などでも同様です。

もし販売できる可能性のない汚損品や、何年も売れ残っている長期滞留品が大量に棚卸資産として計上されているのであれば、それを廃棄処分することで損失が計上できます。

製造業では、売上原価を引き下げて見かけ上の利益を増やすために期末の過剰生産や過剰在庫が恒常的になっていることがあります。事業承継を機に、不良在庫を処分するとともに、そのような悪習を適正化してから、後継者にバトンタッチするというのも、オーナーがなすべき仕事でしょう。

なお、役員退職金での説明と同様ですが、これらの実施により株価が下がるタイミングは、実施した期の翌期となります。株式移転のタイミングには注意してください。

対策5　回収不能売掛金などの不良債権の処理

商品の掛販売後、督促を繰り返しても長期間入金されていない売掛金や、返済期日を過ぎても長期間返済されない貸付金など、いわゆる不良債権がある場合は、適切に貸倒損失処理することで利益を減らすことができ、結果的に株価が下がる可能性があります。

「貸倒損失」とは、売掛金や貸付金、立替金など、貸借対照表上、資産として計上されている債権が、回収不能であると明らかになったとき、それを損失として計上するための勘定科目です。計上された貸倒損失は、税務上損金となり所得を減らせます。

債権を放棄すること自体は、会社の一方的な宣告で可能であるため、それをすべて貸倒損失として認めてしまうと、所得の操作となる可能性があります。そこで、次のような明確な基準が定められています。これらの基準に合致しないのに貸倒損失を計上した場合、相手への寄付と見なされて損金への算入が否認されることがあるので注意が必要です。

①法律の規定による貸倒れ

債務者（取引相手）が倒産（会社更生法や民事再生法が適用される）した場合などが典型的です。これらの場合は、債権者（自分の会社）に、債権の切り捨て金額が通知されますので、その通知された金額を貸倒損失として計上できます。

また、取引先において債務超過の状態が相当期間継続し、今後も改善しそうにない場合も含まれます。この場合は、証拠として決算書などの書類が必要です。また、内容証明郵便等により、これだけの金額を債務免除しますと相手に書面で通知する必要があります。

②事実上回収不能の貸倒れ

債務者の資産状況、支払能力などから見て、債権の全額が回収できないことが明らかになった場合です。この場合も根拠となる債務者の状況の資料が必要です。

③一定期間取引停止後、弁済がない場合等の貸倒れ

継続的な取引をしていて売掛金が残っている債務者との取引を停止してから1年以上経過した場合、または、少額の売掛金で、取り立てにいく旅費などの費用のほうが多くなる場合（支払い督促は必要）です。この③の項目は、売掛金のみに適用され、貸付金の場合は該当しません。

社歴の長い会社には、不良債権化している資産が残っていることはよくあります。金額が大きくなくても、株価が下がるタイミングとあわせて確認しておくのはよいことです。

対策6　オペレーティングリース商品の活用

オペレーティングリースとは、産業用資産などで用いられるリース方式のことです。航空機や船舶など、数十億から数百億円になる高額な産業用資産を購入し、オペレーティングリースによって貸し出すことで収益化するというビジネスへの出資を、小口化（1口1000万円など）して投資商品化したものが、オペレーティングリース商品です。

その仕組みを簡単にまとめると、まずオペレーティングリース商品の販売会社が匿名組合を組成します。投資家は匿名組合に出資します。組合はあわせて銀行から融資も受け、その資金で航空機会社から航空機を購入して、航空会社にリースします。匿名組合は、受け取ったリース料から得られる収益を投資家に分配します。投資期間は7～10年程度で、その期間全体としては、リース収益額と出資金額に応じて、一定の投資収益が得られます。

では、このオペレーティングリース商品がなぜ効果があるのでしょうか？　それは、定率法による減価償却の仕組みが関係しています。定率法では、最初の年度に大きく減価償却費が計上され、以後、計上金額が減っていきます。例えば10億円の資産購入に対して初年度に7億円、2年目に3億円の減価償却費を計上するといった具合に、投資期間の初期に大きく計上できます。

一方、リースから得られる収入は、投資期間を通じて毎年一定です。融資を受けてレバレッジをかけていること、法定耐用年数に基づきリース期間を設定していることなどにより、初年度には減価償却費がリース収入を大きく上回り、大きなマイナス（赤字）が計上されます。この赤字は、出資額に応じて按分され、出資した会社において、会計上は費用、税務上は損金として計上されます。つまり、利益（所得）が減るのです。

なお、毎期の減価償却費が減少していくにつれて、リース事業が順調に進めば毎年利益（所得）が生じます。その分は課税されるので、トータルとして見れば「節税商品」というわけではありません。

オペレーティングリース商品には注意点もあります。まず、事業への投資なので事業リスクがある点です。実際、コロナショックの2020年には航空会社の経営破綻があり、その後も長期にわたって航空機の需要は低迷しています。また、海外で組成される商品が多く、その場合は収益に為替リスクが存在することも、覚えておいたほうがいいでしょう。

対策7　配当を出している場合、配当金額を見直す

類似業種比準方式は、「配当金額、利益金額、純資産価額」の3つの「比準要素」を、

類似業種の上場企業のそれらと比較し、計数操作を加えて株価を算出します。つまり、比準要素のうちの1つまたは複数の変動が株価に影響を与えます。しかし、3つの比準要素のうち、利益金額と純資産価額は、費用や現金支出が多くなれば、結果として下がることはありますが、会社が完全に自由にコントロールできるものではありません。

一方、配当金額は、会社法上認められる分配可能額の範囲内であれば、引き上げも引き下げも、会社が自由にコントロールできます。そのため、類似業種比準方式が適用される会社で現在は配当金を出している場合、利益などの対策とあわせて、配当金を見直すことは、自社株評価に影響を与える検討項目になります。

配当金を見直す際のポイントは以下の点です。

まず、類似業種比準方式において、計算に用いる配当金額は、原則として前期と前々期の配当金額を平均したものとなります。そこで、例えばこれまで配当を出していた会社で、次年度と次々年度の配当金を引き下げれば、結果として株価が下がる影響があります。2期の平均を取るので、次年分だけ引き下げれば効果は半分となります。

ただし、親族のなかに、生活資金として配当金をあてにしている株主がいるような場合、配当を引き下げるのであれば、株主に対して大きな影響を与えることを理解しておく必要があります。なお、記念配当や特別配当などの臨時的な配当は、ここでいう「配当金額」の範囲には入りません。

なお、類似業種比準方式で株価が計算される際に留意すべきこととして、3つの比準要素のうち2つがゼロだと「比準要素数1の会社」という分類になり、さらに3つ比準要素がすべてゼロだと、「比準要素数0の会社」という分類になり、原則として、純資産価額100％での計算となります。多くの場合、純資産価額のほうが株価は高くなるので、できればこれらに該当するのは避けたいところです。

例えば、もし株式の移転を予定している年度の直前3期の業績が赤字で利益がゼロだとすると、配当金もゼロであれば、「比準要素数1の会社」となります。すると、かえって株価が上がってしまう可能性があります。この点は十分に注意してください。

対策8　収益不動産を購入して運営する

会社の規模などによって、純資産価額方式のみが適用される場合は、これまでに説明してきた方法により利益や配当金が変動しても類似業種比準方式と比べて、株価に大きな影響を与えません。

では、純資産価額方式が用いられる場合で、株価が変動するのはどんなタイミングかというと、資産の内容や相続税評価額が変動するタイミングです。

その典型的な例が、現預金（場合によっては融資も）を使って収益不動産を購入したことによる資産評価額（＝純資産価額）の変動です。

会社が保有する不動産は、その購入から3年を経過すると相続税評価額で評価されます。ご存じの読者も多いでしょうが、土地の相続税評価は原則として「路線価」での評価となり、時価（市場で売買される実勢価格）の０・８倍程度とされるのが一般的です。また、建物の相続税評価額については固定資産税評価額となります。これは地域によっても異なりますが、時価の60％程度の評価額になることが多いでしょう。

仮に2億円を現金として持っていれば「2億円」として評価され、それが純資産価額に反映されるのに対し、1億円の土地を購入して1億円の建物を建てた場合、それぞれ８０００万円、６０００万円と評価されるので、相続税評価額が６０００万円下がるというわけです。

さらに、収益不動産として賃貸する場合は、土地は「貸家建付地」として評価が下がり、また建物も「貸家」としての評価減がなされます。細かくなるので計算は省きますが、ざっくりいって現金での保有に比べ、半分程度の評価額になります。

さらに、この収益不動産物件の購入に際して、融資を利用して、保有現金以上の価格の物件を購入すれば、純資産の圧縮効果はより大きくなります。結果として、純資産価額が数分の1から、場合によっては10分の1以下にまで下がるでしょう（簡便化のため、賃貸事業による収益は無視します）。

ただし、保有不動産が相続税評価額で評価されるのは、不動産購入後3年経過後以降である点にはくれぐれも注意が必要です。購入後3年以内に株式の移転があった場合は、時価（≒購入価格）で評価されるため、効果はほとんどありません。

また、収益物件自体には、事業リスクがある点も忘れてはいけません。特に融資を受けて物件購入をした場合には、予定どおりに賃貸収入が入らなければキャッシュフローが悪化し、経営に悪影響を及ぼすような本末転倒の事態にもなりかねません。

対策9　従業員持株会をつくる

株式の移転コストを減らすためには、ここまでに説明してきたような、「株価が下がるタイミングを見計らい、そのタイミングで株式の移転を実行する」という考え方のほかに、「移転する株式の数を減らすことで移転コスト総額を減らす」という考え方もあります。

以前は、後者の考え方に基づいて、後継者以外の家族や親戚などにも株式を相続や贈与するなどして後継者が承継する株式を減らすことが、事業承継対策としてよく行われていた時代がありました。しかし、先にもご説明したとおり、株式は財産権だけではなく経営権をも表すものであり、経営権を分散させることは経営の不安定化をもたらします。

そこで、現在はなるべく株式は後継者に集中させるほうがよいという考えが主流ですが、その例外となるのが従業員持株会の活用です。

やり方は、まず従業員持株会を結成し、オーナーが保有する株式の一部（例えば30％）を従業員持株会に譲渡します。その後で後継者へ株式を移転すれば、株価が変わらないとしても移転コストの総額は元の70％で済むことになります。

一方、オーナーの保有株を譲渡する際の株価は、買い手となる従業員がオーナー同族以外の少数株主であるため、配当還元方式をベースとして評価されることになります。一般的に配当還元方式での株価は、他の方式での評価に比べて非常に低いものとなります。従業員が低額で自社の株式を購入できて、場合によっては株主として業績に応じた配当も受け取れるとなれば、従業員の経営参加意識が高まり、業績向上に結びつく効果もあるでしょう。

また、従業員持株会は、親族などを少数株主にするケースと異なり、経営不安定化の要因にならないメリットがあります。従業員持株会の株式にも株主総会での議決権が付与されていますが、従業員持株会（実際的には持株会の理事長）がオーナー経営者の意向に反する意思表明をするということは、常識的には考えられないためです。

従業員持株会組成に際しては、まず規約をつくります。その規約においては、従業員が退職後も株主のままでいられると困ったことになるので、退職時は譲り渡してもらう条項を必ず設けておくことがポイントです。

社員数が数名から十数名規模と小規模な会社では、持株会の結成は難しいかもしれません。しかし、ある程度の社員規模となった中堅企業、特に将来の株式公開を目指している会社の場合は、ぜひ活用を検討したい方法です。

対策10　持株会社の活用【組織再編1】

組織再編とは、株式の所有関係や経営権に影響が及ぶ、会社組織の基礎を変更することです。会社法では、合併、会社分割、株式交換・株式移転、事業譲渡などが組織再編のパターンとして規定されています。ここでは、組織再編行為の一種である持株会社の設立による株価への影響を考えます。

持株会社（英語では「ホールディングス」）とは他の株式会社を支配する目的をもって、その株式を保有する会社です。持株会社は「親会社」、持株会社に株を保有される会社は「子会社」と呼ばれます。

持株会社の作り方にも種類がありますが、新規で会社を設立する場合は、株式移転という方法が一般的に用いられます。株式移転の概略は、次のようになります。

現在、A株式会社を経営しているオーナー経営者（100％株主）が、新規でB株式会

［図表 2-1］ 持ち株会社を新規設立し、評価を抑えられる例

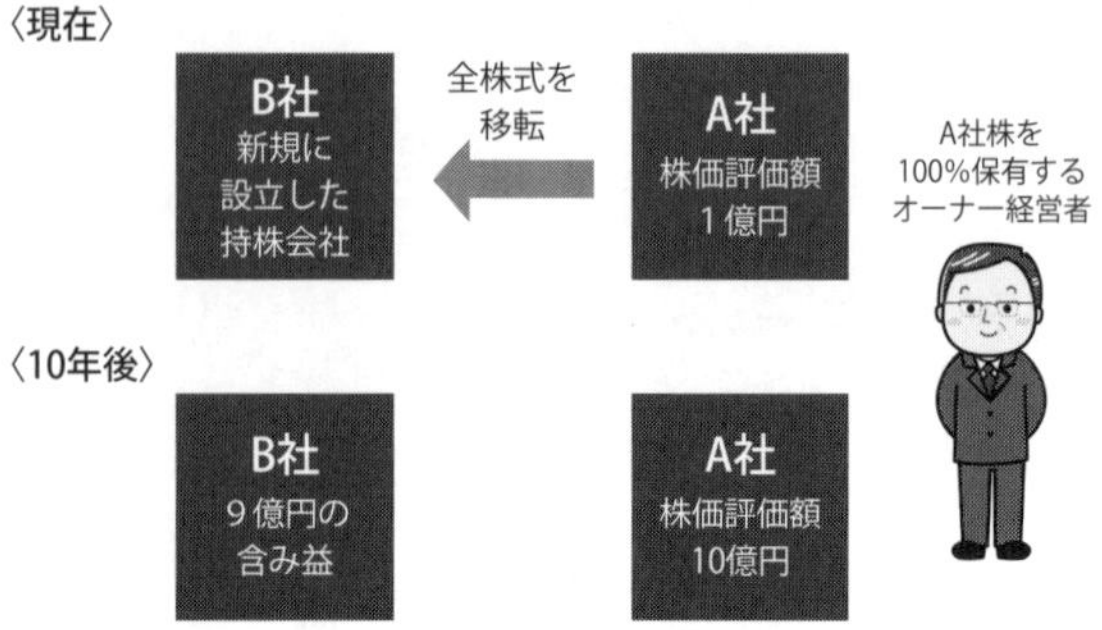

純資産価額方式で10年後のB社の株価を計算すると……
簿価1億円＋（9億円×0.63〈法人税等相当額37%控除〉）＝6.67億円
A社でそのまま株式を保有し続けているよりも、**3.33億円、評価を抑えられる！**

社を設立します。その際、オーナーが保有するA社の株をすべてB社に移転して保有させます。一方、オーナーはB社株を100%保有します。オーナーとA社との間に、B社が挟まったような形になるわけです。A社にとっては、株主がB社に替わっただけなので、A社自体の業績や財務内容に直接の変化は生じません。そこで、A社の株価も直接は変動しません。

一方、B社が、従業員を雇用して他事業を行うのではない「純粋持株会社」だとすると、ほとんどの場合、株価は原則純資産価額方式で評価されることになります。純資産価額方式では、保有する資産の「含み

益」は、法人税等相当額（37％）を控除して評価されます。

例えば、B社設立の際、A社株が「1億円」と評価されて、B社の貸借対照表に計上されたとします。その後、A社が順調に成長を続け、10年後にはA社の株価が10億円になったとします。そのとき、B社にとっては、値上がりした9億円分が「含み益」となります。すると、純資産価額方式でB社の株価を計算する際、A社株は、簿価の1億円に、9億円から法人税等相当額（37％）を控除した5・67億円分を足して「6・67億円」と評価されるということです。もしオーナーがA社株をそのまま持っていたら、10億円の評価であったものが、持株会社のB社を挟んだことで、6・67億円になったと考えることができます。

このB社のように、事業会社が成長を続けていくということを前提とするなら、持株会社を挟むことにより、オーナーが保有している株価の上昇は相対的に抑制されます。

対策11　高収益部門の分社化【組織再編2】

前項目は持株会社として新規で会社を設立する話でしたが、本項目は、会社の1部門を新会社として独立させることがテーマです。部門を独立会社にするにも複数の方法がありますが、ここでは、会社分割という組織再編の方法を使うこととします。

例えば、今C社にX事業部門、Y事業部門があるとします。前者が高い利益を上げ毎年成長している一方、後者は利益額、成長性も低いとします。ここで、会社分割により新会社としてD社を設立しX部門はD社の事業とします。そして、D社はC社の100％子会社とするのです。このとき、Y事業を行いながら、同時にD社の親会社となるC社のことを、前項で見たような「純粋持株会社」との比較で「事業持株会社」といいます。

ここでポイントとなるのが、C社もD社も、ある程度の社員を抱えて事業を行っているために、ともに株価評価において類似業種比準方式が使えるという点です。話を分かりやすくするため、C社もD社も、株式評価上の大会社に該当し、類似業種比準方式が100％適用できるとします。

すると、低収益のY部門だけになってしまったC社は、類似業種比準方式における3つの比準要素のうち、利益が大幅に下がることになります。一方、比準要素のうちの簿価純

［図表 2-2］高収益部門を分社化する方法

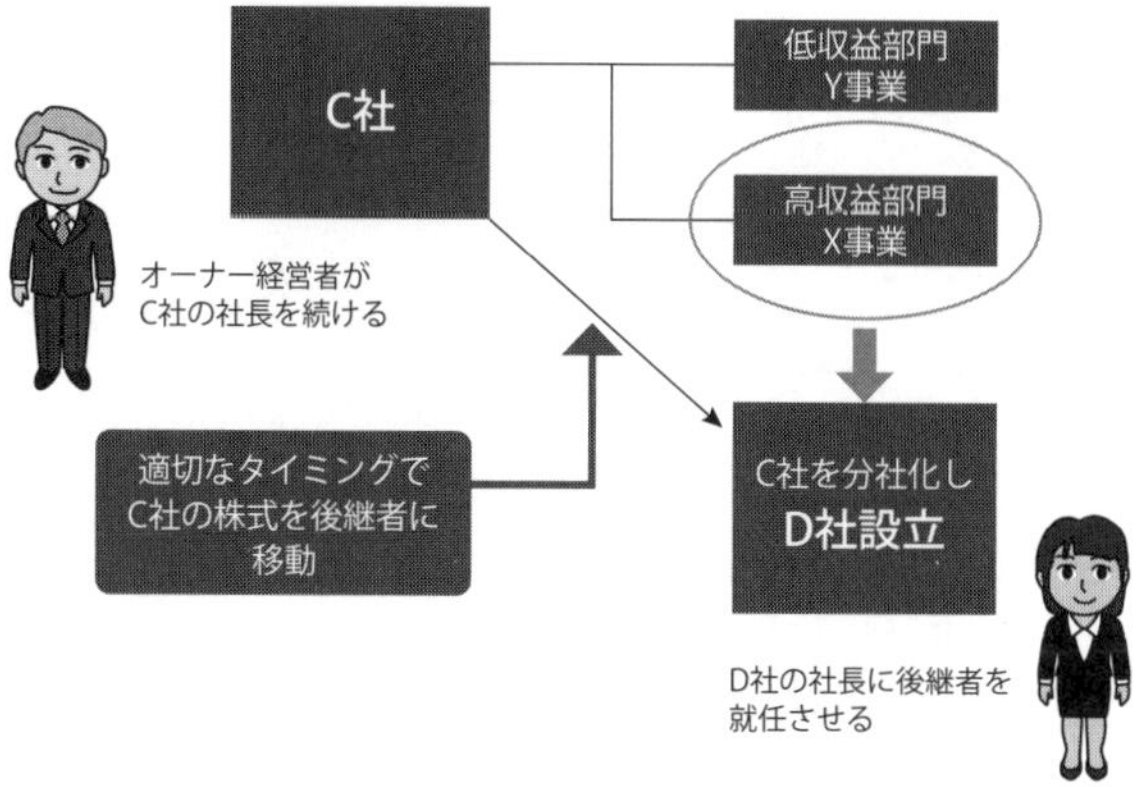
C社
低収益部門
Y事業
高収益部門
X事業
オーナー経営者が
C社の社長を続ける
適切なタイミングで
C社の株式を後継者に
移動
C社を分社化し
D社設立
D社の社長に後継者を
就任させる

資産は含み益を反映させないために、D社の資本金等の分だけしか増加しません。D社の株価評価がいくら高くなっても、それによってC社の簿価純資産は増加しないのです。結果として、C社の株価は大きく下がることになります。なお、会社分割をしても、オーナー経営者は、C社株を100％保有したままで変化はありません。

　高収益部門の分社化は、個々の事業部門の規模がある程度大きく、また、ある程度の独立性を備えている場合には有効な方法です。C社の社長はオーナーのままで、分社化したD社の社長に後継者を据えて、しばらく経営実務を学ばせる方法もあるでしょう。その後、適切なタイミングを見計らって、C社株を移転すればいいのです。

この子会社化で注意しなければならないのは、親会社となるC社の貸借対照表に計上される保有資産のうち、相続税評価額ベースで50％以上がD社株式になると、C社が「株式保有特定会社」になってしまうことです。株式保有特定会社になると、C社の株価評価において類似業種比準方式が使えなくなってしまいます。

対策12　赤字会社との合併、大会社への区分変更【組織再編3】

組織再編には会社の合併も含まれます。

例えば、同一企業グループ内に高収益のE社と赤字が続いているF社とがあると、当然E社の株価は高く、F社の株価は低くなります。では、F社の株価を純資産価額方式で評価するとして、もしF社の純資産を相続税評価ベースで計算したときにマイナス、つまり債務超過になるとしたらどうなるでしょうか？　純資産がマイナスなので、株価もマイナスになるのかというとそうはならず、株価はゼロ円で評価されます。

こういった場合に、E社をF社に吸収合併すると、F社のマイナス分がE社に取り込まれる形になりますので、E社の株価が下がります。すると、合併前のE社+F社（ゼロ）の株価よりも、合併後のE社の株価が下がることになります。

また、合併により、株価評価上の会社の規模区分が変わることもあります。

例えば、利益の高いE社が従業員15人で「中会社の小」に該当し、利益の低いF社が従業員55人で「中会社の大」に区分されていたとします。中会社はいずれも、類似業種比準方式を100%使えません。ところが、両者が合併すれば従業員が70名になるので、大会社の区分となり、類似業種比準方式が100%利用可能となります。

このような合併が結果的に株式の評価額に影響を与えます。

なお、赤字会社や債務超過の会社との合併の場合、その経営上の合理性が税務当局に問われる場合があります。赤字を取り込んで、単に税金を減らすことを目的とした合併であると判断されると、「行為計算否認規定」が適用され、マイナスを取り込む計算が否認される場合があるので、十分な注意が必要です。仮に税務当局に否認されないとしても、そもそも債務超過の事業を存続させることが必要なのかは、要検討でしょう。

ほかにも注意すべき点がいくつかあります。その一つが、合併後、会社実態に変化のない場合以外には、数期の決算を経ないと類似業種比準方式の適用ができない点です。万一、合併後すぐに相続が発生してしまい、純資産価額方式のみでの評価になると、株価が上がってしまうこともあり得ます。そのため、組織再編の検討に際しては、長期的な見通しのうえで十分慎重な計画を立てることが必要です。

対策13「株式保有特定会社」の注意点

対策10の例では、親会社が自らは事業を行わない「純粋持株会社」であり、対策11の例では、もともと存在していた事業部門の一つを親会社が継続して事業活動も行う「事業持株会社」でした。純粋持株会社は、どのように収益を上げるのかといえば、子会社からの配当金になります。事業持株会社であれば事業収益＋配当金です。

ところで、いずれの場合においても、その持株会社の貸借対照表における総資産のうち、子会社を含む株式・出資の割合が相続税評価額ベースで50％を超えると、株式評価の区分上「株式保有特定会社」という区分になります（巻末付録参照）。

特定会社の場合は、会社の規模にかかわらず原則として類似業種比準方式は使えず、純資産価額方式での株価評価になります。純粋持株会社の場合は、子会社株式以外の資産はあまりもたないケースが多いので、これに該当しやすくなります。また、事業持株会社の場合でも、対策11で見たように子会社が高収益企業の場合、子会社株式の相続税評価額は年々高くなっていきますので、最初は総資産の50％以下だったのに、いつの間にか50％を超えているということにもなりかねません。そうすると、親会社の株式評価で類似業種比準方式が使えなくなるので、親会社の株式評価も高騰してしまいます。

逆に、子会社株式以外の資産が増えれば、総資産に占める子会社株式の割合が50％以下になれば、株式保有特定会社に該当しません。例えば、投資計画を検討しており、不動産などの設備の導入があれば、結果的に子会社株式の占める割合は下がります。

これは、事業持株会社ではなく純粋持株会社でも同様です。

ただし、「株特外し」のために、親会社が行う不合理な取引は、税務当局からは、株価を下げることだけを目的とした意図的な操作だと見なされ、否認される可能性が高く、実際に課税漏れを指摘されるケースが発生しているので注意が必要です。

■悩み（2）事業承継に必要な資金（現金）を後継者が持っていない

株式の移転に際しては、後継者が買い取るのであれば買い取り資金、相続や贈与により移転されるのであれば、相続税、贈与税の支払い資金として、移転コストがかかります。

前項目で見たような対策を講じて株価が下がるタイミングを計ったり、移転する株式総数を減らしたりすることで、株式移転コストの問題を多少緩和できる可能性はあります。

しかしそれでも、規模が小さい会社で数百から数千万円、規模の大きな会社や高収益の会社だと、数億円以上の現金負担が後継者に求められるケースがあるでしょう。しかも、納税資金は原則的に現金に限るという制約があります。

そのため、後継者が負担しなければならない現金をどうやって用意するのかという問題も、株価と並んで、事業承継を控えたオーナー経営者の悩みのタネとなります。

解決策の一つは、金融機関から融資を受けることです。しかし、必ず融資を受けられるとは限りませんし、受けられたとしても利子を上乗せして返済しなければなりません。事業環境の変化が速い現代において、後継者個人で多額の融資を受けることはなるべく避けたいところでしょう。そこで、個人で融資を受ける以外の対応策を見ていきましょう。

対策14　株を会社が買い取って「金庫株」とする

自社株式を後継者が集中して相続した場合の納税資金が問題になるケースにおいて、それを解決する方法の一つが「金庫株（自己株式の取得）」です。金庫株とは、会社が目的の制限なしに自社株式を株主から買い取って保有しておくことを指します。会社が株式を取得する目的の制限がないので、償却をしてもいいし、ストックオプションなどに使ってもいいし、そのまま保有していてもいいということになります。

一方、株式を売却した相続人（後継者）にとっては、その売却代金を納税資金に充てることができます。

金庫株のポイントは、相続に際して相続人が自社株式を会社に売却する場合には、一定の条件のもとで、その売却益への課税について「金庫株の特例（相続により取得した非上場株式を発行会社に譲渡した場合の特例）」という特例措置が設けられている点です。この特例措置により、相続人の課税が軽減されるメリットがあるのです。

まず自社株式を会社に売った際の、原則的な課税方法を説明します。

今、オーナーが出資した資本金が1億円、株式評価額の合計（時価総額）が10億円の会社のオーナーに相続が発生し、後継者が100％の株式を相続したとします。仮に、後継者がその自社株式を100％会社に売ったとしたら、税務上、後継者の利益はいくらになるでしょうか？　資本金の1億円は、創業者が会社設立時に出資したお金を「払い戻し」してもらっただけだと考えられるため利益には含まれず、出資金額より増えた部分の9億円が利益として課税されます。もし相続した株式の10％（1億円分）を会社に売ったとしたら、按分計算により、9000万円が課税対象ということになります。

ここで注意すべきなのが、利益の9000万円は株主として受ける配当に近い性格だと見なされ、上場株式を売却したときのような「株式譲渡益」ではなく「みなし配当」と呼ばれる方式で課税されるのが、税法のルールだということです。

株式譲渡益課税であれば、所得税・復興特別税・住民税をあわせて20・315％の税率

[図表2-3] 資本金1億円、時価総額10億円の会社オーナーに相続が発生した場合

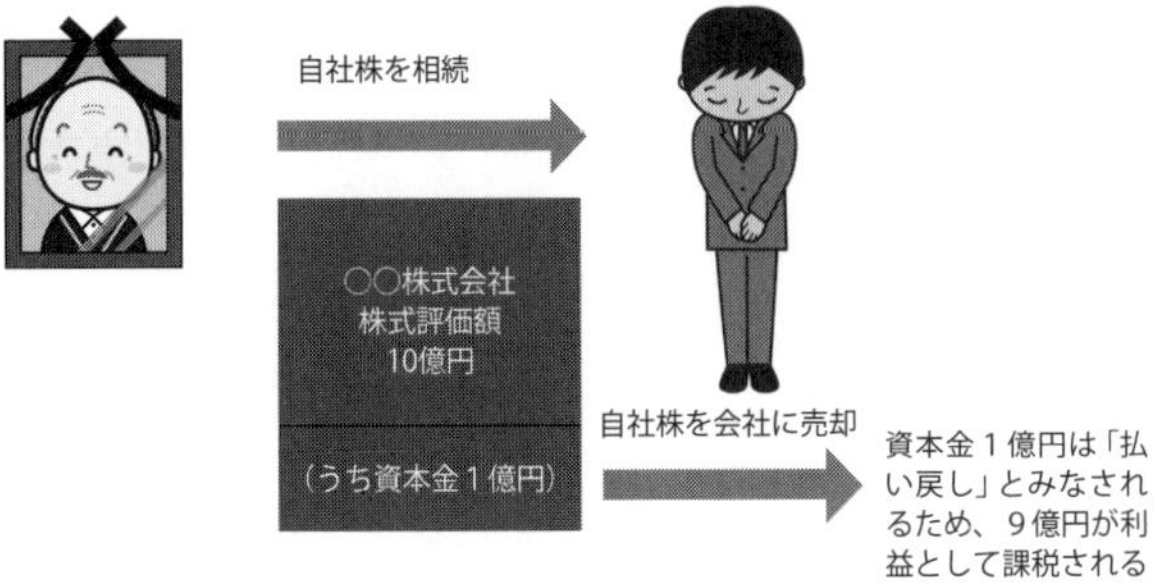

で他の所得とは分離された分離課税になります。ところが、みなし配当課税の場合は、給与や事業所得など他の所得と合算されて計算される「総合課税」になり、所得税等の最高税率は55・945%にも上ります。しかし、後継者が納税資金準備のために自社株式を売るときまでみなし配当課税を適用するのは酷だろうということで、金庫株の特例の措置が用意されました。

これは、相続により株式を取得した者等が、一定期間内にその株式を金庫株として会社に譲渡した場合は、その全額に対してみなし配当課税ではなく株式譲渡益課税が適用されるというものです。

さらに金庫株特例とは別の制度で、「取得費加算の特例(相続財産を譲渡した場合の取得費の特

例)」という制度があります。これは、相続により取得した不動産や株式などを、一定期間内に譲渡した場合に、相続税額のうち一定金額を譲渡資産の取得費に加算することができるという特例です。先の例でいうなら、1億円の売却対価にして、資本金部分の1000万円に、さらに一定金額がプラスされた分の残りが取得費となり、残りが課税対象になるということです(取得費加算の計算方法は複雑なので、ここでは省きます)。

ただし、金庫株の特例も、取得費加算の特例も、以下の条件があります。

・適用できるのは、相続税が課される者(相続税非課税の場合は適用できない)。
・相続が発生した翌日から、相続税の申告期限の3年後(相続から3年10カ月後)までに譲渡が行われていること。
・金庫株の特例については、会社に配当可能な利益があること。

この2つの特例を活用できれば、自社株式を集中して相続した後継者の納税資金確保はかなり楽になるでしょう。

対策15　生命保険で納税資金を準備する

生命保険には、さまざまな加入の仕方と活用法が考えられますが、後継者の納税資金の準備という観点からは、主に2つのパターンが考えられます。

1つは、被相続人となるオーナー経営者が、個人資産から保険金を支払って保険に加入し（契約者・被保険者）、後継者を受取人にする形です。親が自分で生命保険に加入し、万一のことがあったら子どもに保険金を遺すという、もっとも一般的な加入パターンです。この場合、後継者が受け取る保険金は、民法上は相続財産ではなく、後継者の固有の財産とされます。しかし、（ここがややこしいところですが）相続税法上は「みなし相続財産」として相続税の課税対象になる財産となります。ただし、原則として法定相続人1人につき、最大500万円の非課税枠が設けられているため、被相続人が現預金として納税資金を遺すよりも節税になります。

2つ目は、会社が契約者、オーナーが被保険者で、会社が保険金受取人となるパターンです。この場合、オーナーが存命中に事業承継が行われるのであれば、対策3で説明した内容となります。一方、オーナーが在職中に死亡した場合、会社が死亡保険金を受け取り、その保険金でオーナー死亡退職金（退職慰労金）を遺族（後継者）に支払います。遺族が受け取る死亡退職金は先の保険金同様、民法上は相続財産ではないのですが、相続税法上はみなし相続財産になります。また、原則として法定相続人1人につき最大500万円の非課税枠があることも、同様です。

両方の非課税枠を最大限に使うことを考えるのであれば、オーナー個人でも生命保険に加入し、また、会社でも加入するのが最も良い方法です。また、会社が税務上の損金として計上できる退職金には上限がありますので、想定される納税必要資金がその上限を上回ると考えられる場合にも、オーナー個人の生命保険を用意したほうがいいでしょう。

なお、みなし相続財産となる死亡退職金は、オーナー死亡後、3年以内に支給が確定したものに限られます。法人の税務上は、死亡保険金（の一部）が益金となるため、その受け取りの同年中に損金となる死亡保険金を支払うようにすることが通例です。

なお前項で説明した金庫株の場合、会社に相応の買い取り資金が必要です。会社が契約者・受取人となる生命保険は、オーナーが在職中に死亡し、後継者が納税資金準備のために株を会社に売りたい場合に、その買い取り資金に充てるためにも利用できます。

■悩み（3） 早期から後継者に株を渡す方法を知りたい

事業承継対策を難しくしているポイントの一つに、相続はいつ発生するか事前に予測できない点があります。相続が発生した時点で、たまたま業績が非常に良ければ株価は高騰しているかもしれません。逆に、業績が非常に悪化していて、金庫株で買い取ってほしくても会社で現金が用意できない、死亡退職金も支払えない、という状況になっているかもしれません。経済的な面だけではなく、経営を任せられるくらいに後継者の育成が進んでいるのかも分かりません。

相続には、こういった事前予測の困難性があるため、やはり可能であれば、オーナーの存命中にタイミングをしっかり計って株式を移転できるほうがベターです。

そこで、相続の発生前に株式を移転するための代表的な方法について解説します。

いずれも、よく用いられているおり、また、他の株価対策と併用可能な場合も多いので、基本として知っておいていただきたい方法です。

対策16　毎年の暦年贈与による株式の移転

人から人に財産が贈与された場合、受贈者（贈与を受けた人）に贈与税が課されるのが原則です。しかし、受贈者1人について、1年間で110万円以下の贈与については、贈与税が非課税とされます。渡す人ごとではなく、受贈者ごとの適用なので、例えば1人の子どもが父と母のそれぞれから贈与を受けた場合、合計して110万円までが非課税という計算です。

この毎年の非課税枠を利用した贈与を「暦年贈与」といいます。自社株式の贈与にも贈与税は課されますが暦年贈与が適用できるため、長い年月をかけて少しずつ後継者に株式を移転していくことは、事業承継において最もポピュラーな方法であるといえます。

暦年贈与の非課税枠は110万円なので、最大でも10年で1100万円分、20年かけても2200万円分しか枠内では移転できません。中小企業でも株価評価が数億円になることは普通なので、暦年贈与を使うだけですべての株式を移転させようと考えるのは非現実的です。

そこで例えば、年間500万円分の自社株式を後継者に贈与すれば、110万円分は非課税で、390万円分が課税されることになります。贈与税は子が自分のお金で支払ってもいいですし、贈与税の納税額分は株とは別に現金で贈与するという方法もあります。

暦年贈与のメリットは、110万円の非課税枠が使えることだけではありません。一般的に企業が成長していくものであることを前提とすれば、その株価は毎年が上がっていきます。

つまり、早期に贈与をすればするほど、同じ贈与額でも多くの株式数を移転できる（同じ株式数であれば少ない贈与金額で移転できる）ことになります。そのため、早期から贈与をすればするほど、移転コストが低くなります。

一方、暦年贈与で早期からの株式の移転をする場合の注意点も知っておきましょう。

まず、贈与税は累進課税であり贈与金額が大きくなると、税率が高くなる（最高55・945％）ので株価対策をして相続したほうが、結果的に税負担が軽くなることもあり得ます。毎年いくら贈与しどれくらいの課税額になるのか、シミュレーションが重要です。

また、受贈者（子）が、確実に後継者になるとは限らないという点もポイントです。受贈者の意志がはっきりと固まらない時から贈与を開始してしまうと、受贈者に状況の変化や心変わりが生じる可能性が高くなります。場合によっては、受贈者が親より先に亡くなることもあり得ます。すると、経営権を巡るトラブルが生じたり、再移転のための余計なコストが発生したりします。そのため、後継意志の見極めは重要なポイントになります。

対策17　相続時精算課税による株式の移転

相続時精算課税とは、その名前のとおり、相続時に、相続税と贈与税とをまとめて「精算」できる制度です。まず、適用条件などは、次のようになっています。

・1人の受贈者に対して、1人の贈与者につき、2500万円までの贈与が、相続時まで繰り延べになる（贈与時には課税されない）。2人の贈与者（例えば父と母）からの贈与についてこの制度を利用すれば、計5000万円までの贈与税が繰り延べされる。なお、2500万円の上限までなら、何回かに分けて贈与をしてもよい。年を分けてもよい。

・1人の贈与者につき2500万円を超える分の贈与は、一律20%の贈与税が課される。
・制度を利用できるのは、贈与者が、60歳以上の父母または祖父母、受贈者が20歳以上で、贈与者の直系卑属（子や孫）などに限られる。また、贈与を受けた年の翌年の贈与税申告期限内に、贈与税の申告と「相続時精算課税選択届出書」の届け出が必要。
・相続時精算課税を選択した受贈者には、暦年贈与の控除枠110万円は適用されない。また、相続時精算課税の2500万円の枠を使い切っても、暦年贈与に戻すことはできない。

また、相続時には、次のように課税されます。

①相続の際は、相続時精算課税により贈与された財産と、他の相続財産との合計額に対して相続税が計算される。その際、贈与された財産は、贈与時よりも値上がりしていても、値下がりしていても、贈与時の価格で評価される。
②①の合計額が相続税の基礎控除額以下であるなど、相続税が課されない場合にも、さかのぼって贈与税が課されることはない。
③2500万円を超えた部分の贈与に課された20%の贈与税は、相続税と相殺できる。

相続時精算課税は、相続時に相続税がかかる場合には、贈与税の繰り延べに過ぎません。暦年贈与の110万円枠のように課税対象から控除されるわけではないのです。

ただし、①にあるように、「贈与された財産が贈与時の価格で固定される」という点が、特に自社株式のように評価額が変動する財産の贈与においてはポイントになります。暦年贈与の項目で説明したように、一般的に企業の株価は時間とともに上昇するからです。

例えば今、自社株式の評価額が1億円だとします。そのうち2500万円分（25％）を、相続時精算課税を利用してオーナー経営者から子に贈与したとします。オーナーは7500万円分を保有し続けます。

そして、10年後に相続が発生し、そのときの株式評価額が5億円に上昇していたとします。その際、子の保有株は贈与時の価格である2500万円として評価されます。一方、オーナーが保有していた7500万円分の株式は3億7500万円で評価されます。株式の相続税評価額は合計で4億円になるので、1億円分評価が下がっています。

逆に、業績が悪化して相続時に株式評価額が5000万円まで下がっていたとします。オーナー分の株式は3750万円で評価されます。一方、子の株式は2500万円のままです。つまり合計6250万で評価されます。相続時精算課税を使っていなければ5000万円の評価なので、評価額が上がってしまっています。

このように、一定時点で評価額が固定されるため、その後、相続時点で財産評価が上がっていれば有利になりますが、下がっていれば不利になるのです。しかし、そもそも株価が大きく下がるような衰退会社であるなら、事業承継をする必要性に疑問が生じます。事業承継をする価値のある会社は、株価が上昇する会社であると考えるなら、相続時精算課税の利用は大いに検討に値するでしょう。

対策18　後継者が持株会社を設立し株式を取得する

持株会社の設立については、対策10でも解説しました。そこでは、持株会社はオーナーが設立し、そのポイントは長期的に見て株式の評価上昇を抑える点でした。

ここでは、後継者が持株会社をつくる方法について解説します。その主な目的は任意の時点（株価が下がったタイミング）で、株式の移転を実行することです。

具体的な方法ですが、まず事業承継をしたい会社（X社）のオーナー経営者が存命中に、その株価が下がるタイミングを見計い、後継者が新会社（P社）を設立します。新会社の資本金はいくらでもかまいません。P社が、オーナーが保有するX社の株式を100％買い取ってX社の100％親会社になります。X社株の買い取り資金は、P社が融資を受けます。後継者はP社の100％株主ですから、P社を通じて、X社の経営権を掌握できます。

その時点で、X社の代表取締役を後継者に交代してもいいですし、オーナーがしばらくは留任して徐々に後継者に業務を移行していってもかまいません。いずれにしてもX社株をP社に売却時点で、株式の移転という意味での事業承継は完了します。その後に相続が発生しても、すでにX社株はP社の保有となっているため、相続財産にはならないのです。

その後、X社は毎年配当金を出し、それがP社の収益となります。そして、P社はそのなかから借入金を返済していきます。

一方、オーナーは、P社にX社株を売った時点で、その譲渡対価をもらえます。生前に、オーナー保有の自社株式を現金化できるという点では、オーナーにとっては、あとの項目で出てくる「老後資金の確保」という意味ももつ方法となります。

[図表 2-4] 後継者が持ち株会社を設立し、株式を取得する方法

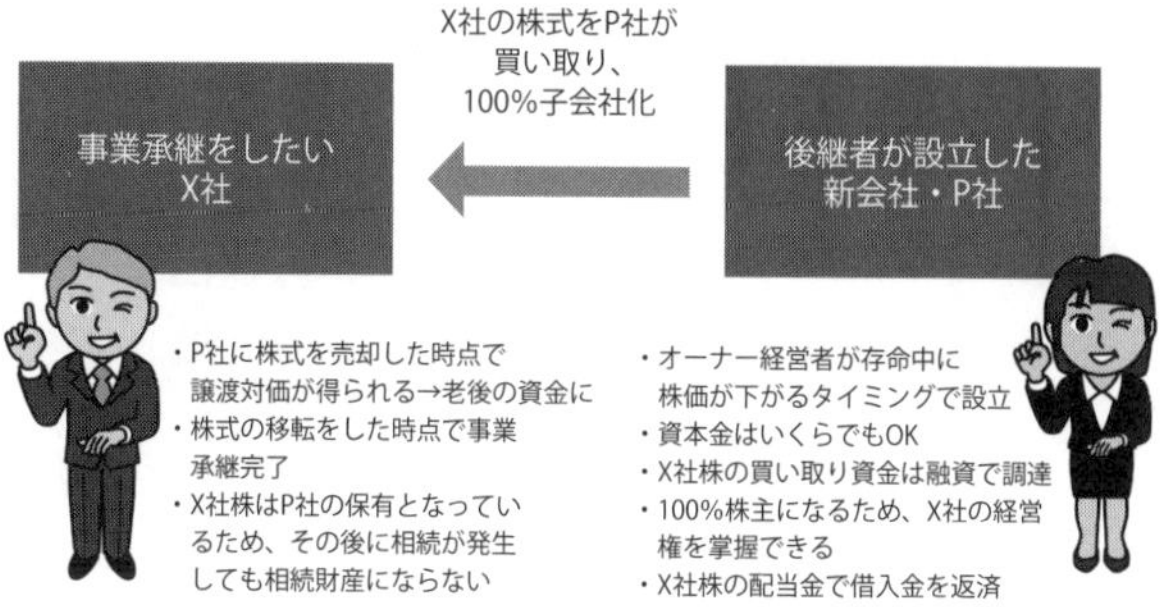
X社の株式をP社が
買い取り、
100%子会社化
事業承継をしたい
X社
後継者が設立した
新会社・P社
・P社に株式を売却した時点で
譲渡対価が得られる→老後の資金に
・株式の移転をした時点で事業
承継完了
・X社株はP社の保有となってい
るため、その後に相続が発生
しても相続財産にならない
・オーナー経営者が存命中に
株価が下がるタイミングで設立
・資本金はいくらでもOK
・X社株の買い取り資金は融資で調達
・100%株主になるため、X社の経営
権を掌握できる
・X社株の配当金で借入金を返済

この対策は、P社が融資を受けられることが前提です。そのため銀行などが事業承継対策としてよく提案してくるものです。

ただし、デメリットもあります。それは、

①P社に多額の借入が生じ、利息を乗せて返済しなければならないが、X社の事業が不調になると返済が行き詰まる。

②オーナーのX社株売却時には、相続税評価額ではなく法人税評価額で株価が算定される。法人税評価額は、一般的に相続税評価額よりも高い株価になるので、P社が支払う現金が増える。

③オーナーが得た売却対価が相続時に現預金として残っていると、100％評価で相続税がかかる。

といった点です。そこで、導入には十分な検討、シミュレーションが必要になります。

■悩み（4）自分の引退後の生活資金をなるべく多く残したい

オーナー経営者のなかには、自社株式と自宅不動産が個人資産の多くを占めていて、個人の金融資産をあまり保有していないという方も少なくありません。それは、現役時代には、個人資産も事業のために用いている場合があるからです。また、個人の所得税よりも法人税のほうが税率は低いため、役員報酬を多額に得るよりも、法人の所得にして内部留保を進めている場合もあります。

しかし、オーナーが何歳で引退するのかにもよりますが、引退後に余裕のある生活を楽しむためには、一定のまとまった現預金が必要になります。なかには、それまでは忙しくてできなかった夫婦での世界旅行など、費用のかかる趣味を楽しみたい場合もあるでしょう。

事業承継に際して、長年の経営に対する功労という意味も含めて、一定の報酬を得ることは決して悪いことではありません。しかし、そのもらい方を間違えると、思わぬ課税などの弊害が生じることもあるので、十分に配慮した計画が必要です。

対策19　役員退職金を受け取る

役員退職金については、対策2でも説明しましたが、ここでは、オーナーがなるべく多くの退職金を得るという観点から、再び検討します。

まず、役員退職金については、法人での損金算入と、個人の所得税という両面を分けて考えることが必要です。

税務上、法人が支払う役員退職金の適正額は、次の算式による「功績倍率法」によって求めるのが一般的です。

最終報酬月額×勤続年数（役員在任期間）×功績倍率

最終報酬月額が100万円、役員在任期間が30年、功績倍率が3倍なら9000万円ということです。ただし、最終報酬月額は、最終年度だけ役員報酬を増額するといった方法を考えることもできます。また功績倍率も、一般的には代表取締役の場合は3倍だといわれることもありますが、法的根拠があるわけではありません。ただ会社の業績や同業他社の水準と比較して、極端に高額の役員報酬は、高額な部分の損金算入を否認されることがあるので、これについては顧問税理士と事前によく相談することが必要です。

一方、個人の所得税において、退職所得は他の所得とは分離される分離課税で、控除額が大きいため、多額の退職金を受け取っても役員報酬に比べて、課税額は低くなります。課税される退職所得は次の算式により求められます。

（退職手当支給額－退職所得控除）×1／2

退職所得控除は、勤続年数20年以下の部分は、勤続年数×40万円、20年超の部分は勤続年数×70万円です。勤続年数30年なら（20×40万円）＋（10年×70万円）＝1500万円となります。退職手当が9000万円だとすると、（9000万円－1500万円）×1／2＝3750万円が課税退職所得金額になります。これに対する税額は約1220万円（別途、復興特別税および住民税あり）なので、支給額に対する税率は約13・5％と、非常に低くなります。

ここでポイントは、法人の損金算入と、個人の退職所得課税は関係ないということです。つまり、高額な退職金を支給して、仮に法人においては高額部分の損金算入できなかったとしても、個人の所得税の計算においては全額が退職所得して計算されます。そこで、法人に支払い余力（十分なキャッシュフロー）があるのなら、損金算入されないことを承知のうえで、あえて高額な退職金を支給することも選択肢となるでしょう。

対策20　オーナーの保有株を売却して現金化する

オーナー経営者の保有資産の大半が自社株式であるなら、単純に考えるとそれを売却すれば現金が得られます。しかし、非上場中小企業の株式を購入してくれる第三者は、ＩＰＯを目指しているような場合を除き、実際にはまず存在しません。また、もし存在したとしても、株を売却すれば経営権が分散するという問題が生じます。

そこで、オーナーが保有株を売却できる相手は、事実上、後継者または会社（自社）に限られます。後継者に多額の現金資産があるのなら、適当なタイミングで売却するという選択肢は十分あり得ます。しかしまだ若い後継者が、数千万～数億円といった買い取り資金を用意できるケースはまれでしょう。

そこで、一つの解決方法が、対策18で見た後継者が持株会社を設立する対策です。この対策であれば、資産を保有していない後継者が親会社を利用して融資を受けやすくなります。親会社に売却した時点でオーナー経営者には現金が入ります。ただし、その際の株価評価は、法人税評価額になり、相続税評価額よりも高くなる点には注意が必要です。親会社が支払う譲渡対価が増え、オーナーに課される株式譲渡益課税もその分増えます。

オーナーの存命中に株式を現金化するという点では良い方法ですが、総合的に見ると、普通に相続をするよりも課税額が増える場合もあるので十分な注意が必要です。

もう一つの方法が、保有株式の一部を会社に売却して金庫株とする方法です。

ただし、この方法には注意点がいろいろあります。

一つは、対策14で説明したように、自社株式への譲渡対価はみなし配当となり、総合課税になることです。総合課税の税率は最高で55・945％と高いため、現金化という目的からすると効率的ではありません。もちろん、相続で株を保有した場合に利用できる「金庫株の特例」は、この場合は使えません。

また、オーナー以外の株主がいる場合は、オーナーの持株が減ることで持株割合が変わってしまい議決権に影響を与えることがあるので、要注意です。

■悩み（5）事業承継税制（特例措置）を利用したい

事業承継税制とは、一定の条件のもとで自社株式の贈与または相続に対する納税が猶予および免除される制度です。猶予ということは、将来に繰り延べられ（贈与または相続の時点では課税されない）ますが、とりあえず、自社株式の移転コスト「0」で、後継者に株式を渡すことができるうえ、最終的に要件を満たせば免除されます。

後継者が確実に決まっていて、その他の各種条件に当てはまるのであれば、事業承継税制の適用を受けることは、十分検討に値します。

なお、事業承継税制には、本来の制度（一般措置）と、より柔軟に利用できるようになった「特例措置」とがあります。特例措置のほうが使い勝手がいいので、現在利用するのであれば特例措置を検討するのが一般的です。ただし、特例措置は、2023年3月31日までに届出書類（特例承継計画）を提出しなければならないという期限が設定されています（2021年4月時点）。

そのため、本制度の適用を検討する場合、なにはともあれ、早急に特例承継計画を策定して提出することがポイントになります。

対策21　事業承継税制の概要を理解する

事業承継税制を一言で表すなら、「後継者へ株式を移転（贈与または相続）する場合の納税をゼロにする」という制度です。

このような制度が登場した背景には、中小企業を引き継ぐ後継者が不足しており、休廃業を選ばざるを得ない中小企業が増えていることがあります。中小企業は日本経済の屋台骨を支える存在です。

後継者不足の要因には、長期的な少子化・人口減少もありますが、承継（株式の移転）コストが高騰していることにより、承継をする魅力が低下しているという点もあります。

特に、親族に後継者がおらず、親族外承継（役員・従業員承継など）を実施しようとする場合に、税コストが大きなネックとなる場合があります。

そこには、今までに見てきたような、「現金化は難しいのに、価値があるものとして課税され、納税は現金で行わなければならない」という自社株式承継の問題点も関係しているのです。そこで、事業承継時の納税コストをゼロにする事業承継税制が生まれました。

ところで、「納税コストをゼロにする」ということですが、これは「非課税にする」ことを意味しているわけではありません。基本的には納税が「猶予」された後に「免除」されるという過程を通ります。したがって、結果的には免除となりますが、最初から必ず非課税になる制度ではないという点はご留意ください。

では、どのような会社がこの制度のメリットを享受できるのでしょうか。

「後継者は決まっていて、事業承継をする意志はある。しかし、現状では会社としても、個人としても現金にあまり余裕がない。普通に株式を贈与または相続すると評価額が高くなるため、納税資金が不足する可能性があり、それが事業承継の実施を阻んでいる」。

こういう会社は、当面の納税資金が不要になる事業承継税制がまさにぴったりです。

あるいは、「自社株式以外の財産として一定の現預金はあるが、子どもが3人いて、公平のために、会社を承継させる長男には自社株式のみを相続させ、現預金は他の子に相続させたい」といったケースにも活用できるでしょう。

対策22　事業承継税制（特例措置）のメリットを理解する

事業承継税制（特例措置）の適用を受けると、次のようなメリットがあります。

①会社の事業継続を前提に、先代経営者（親）から後継者（子）に自社株式を贈与または相続で移転した場合は、贈与税または相続税が「猶予」されます。なお、贈与の場合は、先代経営者の死亡までとなりますが、相続税の納税猶予に切り替えて引き続き猶予を続けることができます。

②将来、さらに次の後継者（孫）に事業承継をして株式を移転した場合は、猶予されていた税金が「免除」されます（最終的に支払わなくてよい）。ここで、次の後継者（孫）が贈与または相続で承継した株式への課税が免除になるのではないことに注意してください。免除になるのは、あくまで後継者（子）が猶予されていた税金だけです。

つまり、会社を何世代にもわたって承継していく場合、事業承継が生じる度に株式の移転コストがかかりますが、事業承継税制を使うことで「一世代分の移転コストを省く」ことができるというイメージです。もちろん、この制度が存在する期間内に、子から孫への事業承継が行われ、そのときにもこの制度を利用できれば、孫が払うべき自社株式についての贈与税または相続税も猶予されます。

なお、ここでは世代交代のイメージを分かりやすくするため「先代経営者が親、後継者が子、次の後継者が孫」の形で説明しています。しかし、事業承継税制は、従業員など、親族以外の人が後継者となって事業承継する場合でも利用できます。

さて、事業承継税制を適用して税金を猶予された後継者（子）に相続が発生すると、その税金は免除されるわけですが、次の事業承継（孫への株式の移転）を実施する前に、会社を廃業やM&Aをしてしまった場合や、後継者が死亡してしまった場合に、猶予されていた税金はどうなるのでしょうか？

これらの場合の扱いは、事業継続期間中（贈与税または相続税の申告期限から5年間）なのか、その後かによって変わります。事業継続期間中のM&Aや会社の解散などであれば、原則として納税が猶予されている税金の全額と利子税をあわせて納付しなければなりません。また、事業継続期間後でも、M&Aで会社を売却した場合は原則として同様です。ただし、事業継続期間後に「事業の継続が困難な事由」で譲渡や会社の解散をする場合は、その時点の株価で税額が再計算され、事業承継時の税額より低い場合は、その差額部分は免除されます。

対策23　事業承継税制（特例措置）を受けるための要件

事業承継税制（特例措置）を受けられる要件は、会社、先代経営者（現オーナー）、後継者ごとに定められています。厳密には、贈与の場合と相続の場合で細かく異なるところがあるのですが、冗長になるためここでは共通部分はまとめて記載します。

①会社の要件

・非上場の中小企業者であること
・性風俗営業者、資産管理会社（一定の要件を満たすものを除く）ではないこと、など

②先代経営者の要件

・贈与、相続前に会社の代表権を有していたこと

・贈与の場合には、贈与時において、会社の代表権を有していないこと

・贈与、相続の直前において、先代経営者および一族で総議決権数の50％超の議決権数を保有し、かつ、先代経営者は後継者を除いたなかで最も多くの議決権数を保有していたこと、など

③後継者の要件

・贈与の時点、または、相続開始から5カ月を経過する日以後に会社の代表権を有していること

・20歳以上であること

・役員に就任していること（相続の場合には一定のものを除き、贈与の場合には就任後3年以上経過していること）

・後継者および後継者と特別の関係がある者（一族）で、総議決権数の50％超の議決権数を保有することとなり、後継者は筆頭株主であること、など

④担保の提供：納税が猶予される税額、および利子税の額に見合う担保を税務署に提供する必要がある

⑤一括贈与要件（贈与の場合）

原則として、後継者は、全議決の3分の2以上の議決権となるまでは株式を一括して贈与。

以上の要件で特に注意すべきは、後継者が代表取締役に就任している必要がある点と、一定数以上の株式を後継者が取得しなければならない点です。つまり、事業承継を完全に実施しなければならず、後戻りはできないので、入念な準備が必要です。

対策24　事業承継税制（特例措置）を受けるための手続きと注意点

事業承継の適用手続きは以下のとおりです。

①承継予定の後継者や承継時までの経営見通しなどを記載した「特例承継計画」を策定し、認定経営革新等支援機関（税理士など）の所見を記載のうえ、都道府県知事に提

出し確認を受ける。

②贈与または相続後、一定の期限までに、会社の要件、先代経営者の要件、後継者の要件を満たしていることについての都道府県知事の認定を受ける。

（①の確認は贈与または相続の前に行うのが原則ですが、2023年3月31日までに贈与または相続が発生した場合、贈与または相続の発生後に、申請書と同時に特例承継計画を作成・提出することも可能です）。

③認定書の写しとともに、贈与税または相続税の申告書および担保等を税務署へ提出する。

④贈与税または相続税の申告期限から、5年間が「事業継続期間」となる。その期間中、後継者は事業を続け、株式保有を続けなければならない。また、納税猶予を受け続けるには、事業継続期間中は毎年、都道府県に対して「年次報告書」を、税務署に対しては「継続届出書」（同期間終了後は3年ごとに）提出しなければならない。

特に注意すべきは、事業承継後5年間は毎年、その後も、猶予を続けている期間中は3

年に1度、長期間にわたる書類提出が義務付けられる点です。もしうっかり忘れてしまうと、猶予が取り消されて、まとめて納税をしなければなりません。

また、対策22で解説した点と重複する部分がありますが、事業承継後5年間は、以下の理由が発生したときも、納税猶予が取り消されます。

・後継者が代表者でなくなった場合（病気で働けなくなったなどのやむを得ない場合を除く）
・一族の議決権が50％以下になった場合、または、後継者が筆頭株主でなくなった場合
・株式を売却（M＆A）した場合
・事業をやめた場合

これらの理由に該当して納税猶予が取り消された場合は、利子税が加算された額をすぐに納税しなければならず、かえって損になることもあります。さらに、5年を経過後も、M＆Aや会社の解散をした場合は、猶予された税の納税が必要になります。

こういった、取消措置が定められているため、事業承継税制の利用を検討する際は、後

継者が長期間事業を継続していく見通しが求められます。

少なくとも承継後5年間の「事業継続期間」中の事業継続は必須だと考えてください。

さらに、将来、猶予された税金が免除されるためには、自分の次の後継者に会社を引き継いでもらうことが原則です。

［第3章］

後継者がいない場合の選択肢は？

――後継者に関する悩みを解決

■後継者不在の中小企業が増えている

以前は、オーナー経営者に子どもがいれば、いわば「家業」として子どもが会社を継ぐのは当たり前だと思われていました。しかし現在は子どもをもたない経営者も増え、かなり様変わりしています。

また、子どもがいるとしても、責任が重く苦労も多い経営者になることよりも、会社員として雇われて働くことを選ぶ子ども世代が増えていることもあります。

これには考え方の世代間ギャップもあります。

今のオーナー経営者世代は、高度成長期に創業し、長時間働くことが美徳とされた昭和時代に、身を粉にして働いて会社を経営し、育ててきました。一方、子の世代は、〝失われた30年〟とも呼ばれたゼロ成長の平成時代に生きています。さらには、ライフ・ワーク・バランスへの配慮、働き方改革などが当たり前に語られ、仕事に対する考え方もオーナー経営者の世代とは大きく変わっています。そのなかで、責任が重い中小企業経営者になることを避けたがる子世代が増えるのは、やむを得ない面もあるでしょう。家族として両親の働き方を見てきたからこそ、同じ道を歩むことに抵抗を持つ子世代も多いのです。

さらに、最近では、オーナー経営者でも自分がしてきたような苦労を子どもにさせたくない、という思いから、あえて子には継がせず、最初から親族外承継やM&A、場合によっては廃業を選ぶ人が増えています。特に、コロナ禍が経営に与える影響が長期化、深刻化している2021年以降、休廃業する中小企業が急増しています。債務超過などではないので、破産や民事再生などの法的な倒産は選ばずに済んでいるものの、事業の将来性に悲観的になって、自主的な休廃業を選ぶ中小企業が増えているためだと推測されます。地域経済の一端を担い、雇用創出にも貢献してきた企業が、そのような形で消滅してしまうことは、もったいないことでもあり、また国の経済全体として考えても損失です。

休廃業を選んでいる企業のなかには、親族外に後継者が見つかれば、あるいはM&Aなどができれば、存続できたにもかかわらず、その方法が分からないために、やむを得ず休廃業の道を選んでしまった企業も少なからず混じっていると思われます。そこで、本章では、親族外承継、M&Aも含めた後継者選びの悩みについて解説します。

■悩み（6） 親族に後継者がいないが会社は残したい

オーナー経営者の子どもなど、親族のなかに後継者となる意向の人がいない場合には、次の順序で事業承継を考えていきます。

①会社に続ける価値があるのか、それとも廃業したほうがいいのか

事業の持続的な成長が見込める、従業員の雇用を守らなければならない、地域のなかで一定の経済的な役割を担っているといった場合であれば、まずは存続を考えるでしょう。

一方、事業が持続的に縮小傾向であったり、債務超過だったり、従業員が高齢化していて世代交代が進んでいない会社は、廃業を視野に入れたほうがいいケースもあります。

②社内に後継者がいるか

会社を続ける価値があると判断されたなら、次に社内の役員・従業員に後継者候補がいるか検討します。社内承継のメリットは、後継者が社内業務に通じており、また企業文化にもなじみがあるため、他の社員も納得しやすく、経営の求心力を保ちやすい点です。

③社外から招聘できるか

社内に適当な候補者がいなければ、社外から「プロ経営者」を招聘できないかを検討します。例えば、メインバンクから紹介を受けるといった方法があります。あるいは、中小機構が実施している「後継者人材バンク」や、日本政策金融公庫の「事業承継マッチング支援」といった公的機関のサービスを利用する方法もあります。

④M&Aができるか

②、③のいずれも難しい場合、M&Aでの売却が検討の俎上に上ります。M&Aというと、以前は大企業だけのものでしたが、最近では多くのM&A仲介会社が活躍し、またインターネットのマッチングプラットフォームも充実しており、中小企業でもM&Aで売却できる機会は増えています。

以上、①~④の順番で検討を進めるのが定石です。

また、いずれの場合にしても、事業承継の実現する可能性を高めるには「承継したくなるような魅力をもった会社」が前提になります。時間をかけて、業績向上はもちろん、財務基盤強化、経営の属人性を排するといった施策に取り組む必要があります。

対策25　社内から後継者候補を探す

社内承継には、株主は現オーナーのまま、代表取締役を社内の人間に任せる方法もあり「内部昇格」と呼ばれます。一方、従業員や役員が株式を買い取って、経営権を掌握して新しい経営体制をつくる形もあります。これは「MBO：マネジメント・バイアウト」（役員による買い取り）や「EBO：エンプロイー・バイアウト」（従業員による買い取り）などとも呼ばれます。ここでは後者の、経営権が移行する社内承継について解説します。

社内承継で、最初の関門となるのは、能力的、人望的に、経営を担える人材が社内にいるのかどうか探すことです。「うちにはそんな人材はいない」と考えるオーナーは多いのですが、きちんと全従業員に話を聞いてみると、意外と適任者が見つかることがあります。ポイントは、本人だけではなく、他の社員からも納得が得られる人物を選定することです。

オーナー経営者だけが「お気に入り」の人物を抜擢しても、もし社内での人望がなければ、後々のトラブルのタネになりかねません。

また、年齢にも注意が必要です。例えば、専務や常務などのトップマネジメント層はオーナー経営者とあまり年齢が変わらない場合が多いです。そういった人に承継しても、またすぐに次の事業承継の必要が生じることになります。できれば、ある程度、若返りが図れる年齢層の方に継いでもらうほうがベターです。

適切な候補人材が見つかれば、次に考えなければならないのは、株式の移転方法です。株式の移転は、親族の場合と違って、無償で贈与するケースはほぼなく、個人間であれば相続税評価額前後での買い取りを求めることが普通です（相続税評価額より著しく低い価額での譲渡では、贈与税が生じる場合があります）。必要な金額は、会社によって異なりますが、一般的には数千万円から数億円になります。会社員である後継候補者が、この金額を自己資金で用意できることはまれでしょう。ここも社内承継のハードルとなります。

その解決方法は、主に2通りあります。

一つは、会社が後継候補者に買い取り資金を貸し付けること。貸し付けた資金は、後継者の代表取締役就任後の役員報酬、あるいは配当金から返済していきます。

そのバリエーションとして、ある程度規模の大きな会社なら、複数の役員に分散して株式を譲渡し、同族企業から脱したガバナンス体制に移行していく形も考えられます。従業員持株会も併用し、後継者に移転する株式の集中を緩和することも考えられます。

もう一つの方法は、対策18で説明した、持株会社設立対策を利用することです。つまり、後継候補者が自己資金で新規に会社を起ち上げ、新会社が融資を受け、その会社でオーナー経営者の株式を買い取り、既存会社の１００％株主（親会社）となる方法です。融資は、既存会社（子会社）から受け取る配当金で返済していきます。

子どもがいないオーナー経営者に金融機関がよく提案してくる方法でもあります。

ところで、従業員と経営者とでは、立場や考え方がまったく異なるため、従業員を後継者にする場合は、長い時間をかけて経営者教育をしなければなりません。そこで、それにあわせて、暦年贈与を利用しながら、少しずつ株式を移転してはどうかと考える方もいます。しかし、多くの場合、それはあまりおすすめできません。

なぜなら、社内承継の場合、（少し語弊がありますが）相手は「他人」です。親族とは関係性が異なるのは仕方ありません。オーナーが後継者と見込んでも、望むような後継者育成ができなかったり、候補者のほうの考え方が途中で変わったりすることもあります。

しかし、ひとたび株を移転してしまえば、もし互いの考えが変わった場合でも、それをまた「返してくれ」と言っても、応じてもらえるとは限りません。そのまま少数株主のままでいてもらうことも、のちのトラブルの原因にもなります。

そのため、いよいよ本当に承継させると覚悟が決まった段階で、一気に株式を移転するほうがよいでしょう。移転のタイミングをあらかじめ計っておくことで、そこにあわせて、第2章で見たような承継対策を講じることが可能になるというメリットもあります。

なお、株式の移転コストに加えて、会社が金融機関から借りている融資の連帯保証の問題もあります。会社が融資を受けている場合、通常、オーナー経営者はその一部または全部に個人保証（連帯保証）をしているでしょう。社内承継で、後継者にその保証債務まで引き継がせることは、ハードルをかなり上げることになります。

その点については、行政でも事業承継を阻む問題性を認識しており、2020年からは、

「事業承継時の経営者保証解除に向けた総合的な対策」として、新しい信用保証制度の創設など、複数の施策が実施されています。多額の債務保証をしているオーナーは、専門家に最新の施策情報などを確認してみるとよいです。

対策26　外部の人材を招聘して経営を担ってもらう

親族承継、社内承継に次いで多いのが、会社の外部から経営者を招聘する方法です。

外部といっても、まったく関係のない第三者のケースはまれです。よくあるのは、メインバンクから財務担当役員などとして送り込まれた人物が、そのまま事業承継をするケースや、親会社や主要取引先の役員などが承継をするケースが大半です。

優れた事業を展開し、業界のサプライチェーンの一部として不可欠な存在で、かつ、地域経済で雇用をはじめ一定の役割を担っている企業が後継者不在の場合、企業存続を望む地元の経済界や取引先会社がこのような外部人材を推薦してくれることがあるのです。

それ以外には、各自治体の「事業引継ぎ支援センター」も、経営人材マッチングを行っているので、相談してみるのもいいでしょう。

外部人材招聘の場合は、社内招聘以上に、時間をかけて慎重に進める必要があります。まず2、3年オーナー経営者はそのままで、外部招聘人材に代表取締役を担ってもらい、互いのニーズが本当に一致していることが確認できてから株式譲渡の検討に入ることが普通です。株式の移転対策自体は社内承継の場合と基本的には同様になります。

■悩み（7） M&Aを検討したいが、どうすればいいかよく分からない

かつては、M&Aは一般的な中小企業にはなじみが薄いものでした。しかし現在では、中小企業の後継者不足解決のため、国（経済産業省）もM&A推進方針を明確化しており、「第三者承継支援総合パッケージ」「中小M&Aガイドライン」の策定などの施策を打ち出しています。あわせて、M&A仲介を扱う専門業者が増え、法的な整備が進み、M&A市場環境も整えられてきたことから、近年では中小企業のM&Aも増えています。

とはいえ、M&Aについて「よく分からない」「良い手段だとは思わない」と考える経営者があわせて約6割に上るという調査（※）もあり、理解が広がっているともいえません。

そこで、この項目ではM&Aの基本を解説しつつ、オーナー経営者にとってのより良いM&Aの進め方について考えてみます（※中小企業庁「中小企業M&Aハンドブック」より）。

なお、M&Aとは、合併や買収により事業組織を譲り渡す（譲り受ける）活動を指します。先に出てきたMBO（役員承継）も、会社の経営権を買うものなので、広い意味ではM&Aの一種です。しかし本書では、他社との間での自社の株式や事業を譲渡することをM&Aとします。

対策27　M&Aの基本とメリットを理解する

M&Aにはさまざまな手法があるのですが、株式会社の場合、オーナーが保有する株式を売って会社の経営権そのものを譲渡する「株式譲渡」と、会社が運営している一つの事業などだけを譲渡する「事業譲渡」の場合とがあります。ここでは、会社を経営する後継者がいないためにM&Aするという前提なので、会社全体を売る株式譲渡を中心に話を進めます。また、ここでは、売り手の立場で説明していきます。

株式譲渡によるM&Aの枠組み自体はいたって簡単です。「オーナー経営者が保有する全株式を他社に売り、他社が経営支配権を掌握して親会社になる」というだけのことです。

形式的には、変わるのはあくまで株主だけであり、会社組織には直接的な変化が生じないのが、株式譲渡によるM＆Aの特徴です。買い手企業とは、同一グループ（子会社）にはなりますが、あくまで法人格は独立したままだからです。

例えば、もし仮に、オーナー経営者の時代に、オーナーのほかに代表取締役がいたとしたら、その代表取締役はそのまま留任する可能性もあります（もちろん代表取締役が交代となることもあります）。

その他、会社の組織構造や事業内容、本社不動産、社名、従業員、待遇、人事制度なども、遠い将来は分かりませんが、当面はそのまま残すことが一般的です。

では、M＆Aは、オーナーと会社のそれぞれにとって、どのようなメリットをもたらすのでしょうか。

①譲渡対価が得られる

まずオーナーは、売却対価を得ることができます。業績が好調で財務も優良な会社なら、数億、数十億円で売れることもあるでしょう。それで悠々自適のリタイア生活を送ることができます。逆に業績も財務も悪化している、場合によっては、債務超過であるような企業でも、特別な取引関係があったり、ニッチな分野での特殊な技術を持っていたりすれば、売れることがあります。もちろん、優良企業に比べれば価格は下がりますが、仮に債務超過の会社だとしても、債務を肩代わりして引き受けてくれる相手がいれば、たとえ「0円」でも、マイナスがゼロになるということなので、実質的な利益になります。

②連帯債務が消滅する

一般的に、オーナー経営者は会社の債務には連帯保証を付けていますが、M&Aをすればこの保証を外すことができます。精神的な負担は大きく減るでしょう。

③会社の歴史を残せる

オーナー経営者はわが子を育てるように心血を注いで会社を育ててきたという人が少なくありません。そういうオーナーにとっては、会社の名前や歴史を残してくれるというだけで、メリットだと感じることもあるようです。

④働き続けられる可能性がある

相手との契約次第ですが、場合によっては、M&A後もいわゆる「雇われ社長」として経営の執行をすることを求められる場合もあります。経営権の承継だけは済ませておき、自分が続けられる限り、あるいは期間を区切って経営の仕事は続けるといったことも可能です。あるいは、相談役や顧問といった形で、M&A後もなんらかの仕事を続けるということもよくあります。

次に会社や従業員にとってのメリットです。

①職場が維持できる

オーナー経営者がある程度高齢になっているのに後継者が決まっていないと、役員・従業員は、口には出さなくても「社長に万一のことがあったら、うちの会社はどうなってしまうのだろう」と不安を感じているものです。実際、社長が急死したり、認知症になったりしてしまうと、中小企業の経営は一気に傾いてしまいます。M&Aで親会社ができることにより、そういう心配が消え、安心して働けるようになります。

②経営の属人性や非効率な業務を改善するきっかけになる

多かれ少なかれ、中小企業の経営は、オーナー経営者の能力や個性に依存している、属人的な部分があります。また、非効率的で生産性の低い業務プロセスが残っていることもよくあります。M&Aにより、オーナー経営者が退任することは、そういった部分が改善されるきっかけになります。

③親会社のブランド力やシナジー効果が得られる

買い手が上場企業などの大手であれば、そのグループに入ることで、ブランド力の強化、販売網の強化、その他いわゆるシナジー効果を得られる可能性があります。

対策28　適切なM&A相談の相手を探す

M&Aを検討する際、最初にすべきことは専門家、専門機関への相談です。

オーナー経営者が自分でM&Aの買い手を見つけてきて、売買交渉をするというのは、非現実的です。なかには、懇意にしている取引先や経営者仲間に直接話をして、売買を決めるということがあるかもしれませんが、大まかな意向の確認はともかく、実際の売買プロセスは専門家に手伝ってもらうほうが互いに安心です。

では、どこに相談すればいいのかですが、最初に思い浮かぶのは顧問税理士でしょう。また、メインバンクということもあり得ます。日頃から商工会や商工会議所での活動に関わっている経営者なら、それらの団体に相談されるかもしれません。

もちろん、そういった身近な専門家、機関に相談するのは悪いことではありません。しかし、それらの人たちはM&Aの専門家ではないので、都合良く買ってくれそうな相手を見つけてくれるとは限りません。「ちょうど、御社のような会社を買いたがってる会社があります」ということもあるでしょうが、それは偶然です。多くの場合は、M&A仲介会社に話をつなぐことになります。そう考えると、最初からM&A専門会社に相談しても同じだということもいえます。また、各都道府県には公的な事業承継の支援機関として事業引継ぎ支援センターがありますが、ここも、M&Aに関しては民間の仲介会社の紹介が中心です。

M&A仲介会社は、それを専門に扱っている会社なので、常に多くの買い手候補をストックしています。また、互いの希望をすり合わせながら話をまとめていく能力に長けています。いわゆる「マッチングに強い」のです。

ただし、現在はM&A仲介会社は日本に300社以上あり、サービス品質のバラツキもかなり大きいとも聞いています。しかし初めてのM&Aで、仲介会社のサービスの質を見極めることは難しいはずです。その意味では、まず顧問税理士やメインバンクに相談して、信頼できるM&A仲介会社を紹介してもらうというのが安心できる方法です。もちろん、自分でネット検索などして探してもかまいません。

それも、1社の話だけを聞くのではなく、なるべく複数社の担当者に会ってみたほうがいいでしょう。すると、サービスの範囲や質、また会社の売却価格などの「相場感」が分かってきます。国の「中小M&Aガイドライン」においても、セカンドオピニオンを取ることが推奨されています。なお、売却価格の考え方については、別項目で詳しく説明します。

対策29　M&Aのプロセスと注意点を理解する

M&A仲介会社に相談をする前提での、M&Aの実施プロセスと、各段階での簡単な注意点を確認しておきます。

①相談フェイズ～業務委託契約

初期相談においては、自社の業務内容、業績や財務状況、規模などから、初期的な概算バリュエーション（株価算定）をしてもらいます。あわせて、M&Aの目的、相手の希望条件などを伝えて、M&Aの方向性を提案してもらいます。仲介会社が示す方向性の提案に納得できれば、業務委託契約を結びます。

②マッチングフェイズ～基本合意

通常、まずは匿名で会社の概要だけをまとめた資料を作成し、それに興味をもってくれる買い手候補のリストを作ってくれます。そのリストから、「この相手なら売ってもいい」と思える相手を、売り手が選びます。あわせて、より詳細なバリュエーションも実施し、交渉する相手には、詳細資料を提示して検討してもらいます。

さらに前向きに検討してくれる相手とは、社長同士のトップ面談や、会社見学などを重ねます。そして、双方が納得できた相手を1社に絞って、基本合意を結びます。

基本合意では、譲渡価格のほか、M&Aのスケジュール（譲渡の時期）、経営者や役員の処遇、その他の条件が定められます。ただし、基本合意は一般的には法的な縛りのある文書ではなく、双方の確認のための覚え書きのような性質のものです。

③買収監査（デューデリジェンス）〜最終契約

基本合意のあとは、買収監査があります。買収監査とは、売り手会社の業務や業績、財務、法務、人事などが、提出された資料どおりか、隠された問題や将来問題になりそうなところがないかなどを確認するプロセスです。別名、デューデリジェンスとも呼ばれます。

買収監査は通常、財務なら会計士、法務なら弁護士などの専門家と、買い手企業がチームを組んで行われます。買収監査の期間は、会社の規模にもよりますが、短くても2週間、長ければ1〜2カ月程度かかることもあります。

買収監査では、多かれ少なかれ、問題点が見つかることが普通です。意図的に隠したものというより、社長自身が気づいていない問題がたいていどの会社にもあるからです。問題が見つかっても、影響度が小さいものなら無視されることもありますし、影響度が大きければ譲渡価格引き下げなどでの対応が必要になります。場合によっては、ここでM&A

自体が破談となることもあります。

もし経営者が意図的に会社の問題点を隠していても、たいていは買収監査で見つかりますし、隠していたこと自体が相手の心証を悪くするので、分かっている問題は最初から正直に話しておいたほうがいいでしょう。

④クロージング〜ポストM&A

クロージングとは、株式の譲渡や代金の支払いなどを契約書どおりに実行することです。また、通常はクロージング後に、従業員や取引先へM&A実施と株主交代の説明を行います。逆にいうと、この段階までは社内でも秘密にしておくことが普通です。

クロージング後、多くの場合は代表取締役が交代し新しい経営体制が始まります。その統合過程をポストM&Aといいます。ただ、急にすべてを変えることは不可能なので、通常は前オーナーが、半年〜1年くらいは伴走して、徐々に経営体制を移行していきます。

M&A全体のプロセスは短くても半年程度、長ければ2〜3年かかることもあり、ポストM&Aの期間を入れればさらにかかります。その時間を見込んで準備をしておきましょう。

対策30　会社の適正な売却価格の目安を知る

Ｍ＆Ａで会社を売ろうと考えるとき、「いくらで売れるのか」が気にならないオーナーはいないはずです。Ｍ＆Ａ仲介会社や買い手候補が提示する価格についても、その算出根拠が分からなければ、その価格が適正なのかそうでないのかも判断できません。

しかし市場で株価が形成される上場企業と異なり、会社の値段（譲渡する株式の総額）を決めるには、なんらかの基準で評価をするしかありません。すでに何度も出てきた、財産評価基本通達に基づく評価方法なども、株価を評価するための一つの方法です。しかし、Ｍ＆Ａの場合は目的が異なるために、その財産評価基本通達の評価方法が用いられることは、通常ありません。

Ｍ＆Ａで用いられる株価評価方法にもさまざまな方法があり、主要なものは、

①「コストアプローチ（時価純資産額＋営業権方式など）」
②「マーケットアプローチ（ＥＢＩＴＤＡマルチプル方式など）」
③「インカムアプローチ（ＤＣＦ法など）」です。

特に中小企業（譲渡価格10億円未満程度）の場合は、①の時価純資産額＋営業権方式が多く用いられるので、その基本は知っておいたほうがいいでしょう。

まず、売り手会社の貸借対照表における資産や負債の含み益、含み損などを時価に評価し直して、時価純資産額（＝時価総資産額－時価負債額）を求めます。これは理論上、会社を現時点で精算した場合の残金額であり、株主が分配を受ける権利をもちます。そこでまず、この金額が株式の価値の基礎になります。

しかし、M&Aの買い手は、売り手会社を解散して残金をもらうために買うわけではありません。売り手会社が将来にわたって生む利益や、自社の事業とのシナジー（相乗効果）を求めて買うのです。時価純資産は過去の事業結果として蓄積されたものですが、将来の価値は含んでいません。そこで、将来の利益を「営業権」という考え方で表します。

営業権は、俗に「のれん代」とも呼ばれますが、その会社の信頼、ブランド、顧客関係など、通常は貸借対照表に計上されない無形資産を指す言葉です。これらの無形資産があるために、その会社は将来にわたって儲けられるはずだ、と考えられます。その営業権の部分も株価に反映させようというのが、時価純資産額＋営業権方式です。

問題は、時価純資産額は貸借対照表をベースにして正確な金額が出せるものの、営業権を評価する正確なものさしはない、ということです。

そこで、実務的には年倍法（または年買法とも）という方法が用いられます。これは、営業権を、例えば調整後当期利益の3年分、などとする方法です。

なお、当期利益の調整とは、中小企業では、法人税対策として役員報酬を多く支払うなどの「利益減らし」をしていることが多いため、その部分を元に戻して正確な利益を見るために行う調整です。

では、営業権が「3年分」である根拠は何かといえば、実はそこには理論的な根拠はありません。3年くらいなら今の利益額は保てるように思えるが、10年先のことは分からない。また、1年分では少なすぎて現オーナーが納得しないだろう、といった感覚的、慣習的なものです。そのため、M&Aの交渉過程において、売り手がどうしても営業権を5年分は見てほしいと主張したとき、買い手がどうしても売り手の会社をほしければ、その要求を飲むでしょうし、そうでもなければ、交渉は決裂します。この評価については、バリュエーション（理論的な株価算定）というよりは、プライシング（交渉での価格決め）

といったほうがいい部分です。M&Aでの株価決定は、相続税評価額のように、定められた基準により一律に算定されるものではなく、交渉により上下する幅を持ったものだということは覚えておいたほうがいいでしょう。

②のマーケットアプローチとは、なんらかの基準で他社との比較をして株価を決める方法です。相続税評価における類似業種比準方式も、広い意味ではこの範疇に入る方法です。M&Aでよく使われるのは、「EBITDAマルチプル方式」（EBITDA／EV倍率方式）と呼ばれるもので、EBITDA（営業利益に減価償却費を足し戻した利益数値）が、企業価値の何倍になっているのかという基準で比較する方法です。詳細は複雑なので省きますが、比較的中規模（譲渡価格10～100億円程度）のM&Aでよく使われる方法なので、概要は知っておくといいです。

なお、③のインカムアプローチとは、インカム＝収益で評価する方法です。その代表がDCF法（ディスカウンテッド・キャッシュフロー法）です。会社が将来に生み出すであろうフリーキャッシュフローを予測し、それを現在価値に割り引いたものを基準にして企業価値を評価する方法ですが、主に大企業のM&Aで用いられる方法です。一応、そういうものもあるということだけ押さえておけばいいでしょう。

対策31　M&Aを成功させるポイントを押さえる

事業承継のためのM&Aは、オーナー経営者の人生のなかでも、一回限りのものです。後悔しないように、入念な準備をして成功を目指さなければなりません。そのためには、準備段階、検討段階、そして交渉段階と各段階で押さえておくべきポイントがあります。

①準備段階

準備段階においては、経営の「磨き上げ」が重要です。経営の磨き上げは、言い換えると「買い手が買いたくなる会社を作る」ということです。例えば、社長の属人性が強い会社は買いにくい会社になります。社長の技術が生産を支えている、社長の〝顔〟で営業をしている、そういう会社はM&Aで社長が交代してしまえば業績が悪化することが見込まれるので、買いにくい会社になります。つまり、準備段階においては、社長がいなくても業務が回るような「仕組み化」を意識して進めなければならないということです。

また、社長が社内のすみずみまでチェックして、平社員の声を直接聞いているような会社があります。こういう社長は往々にして、社内の声にトップが丁寧に耳を傾けることが良いことだと思っています。しかしこういう会社は、適切な階層組織化ができていないということにほかならず、M&Aにおいてはマイナス要因となります。任せるべきところはミドルマネジメントに任せるという組織作りも、経営磨き上げの重要な要素です。

②検討段階

検討段階で大切なことには、タイミングの見極めです。

タイミングについては、業績が伸びているときや事業が好調なときには、経営者は経営を続けたい気持ちが強くなり、逆に業績が悪化すると売りたい気持ちが強くなるのですが、これは逆に考えなければなりません。

例えば、コロナの前には民泊などインバウンドを当て込んだ事業は、かなり買収需要がありましたが、コロナ禍により状況は一変しました。民泊に限らず、飲食会社やイベント会社など、売りたくても売れない状況が続いています。このような事業環境の変化はいつ訪れるか分からないので、M&Aを検討するなら、「売れるときに売っておく」という割り切りも必要です。

また、先の対策28でも見たように、M&Aプロセスには意外と時間がかかります。これを急いで進めようとすると、（言い方は悪いですが）いわゆる「足元を見られる」こととなりかねません。例えば、オーナーが進行性のがんになり、余命1年と宣告されてからM&Aを検討するとしたら、限られた時間で急いで進めなければならず、いい結果にならないかもしれません。オーナーが高齢だと疾病リスクも高まります。早めの検討が必要です。

③交渉段階

交渉段階において、最も大切なことは、何を最優先の目標とするか、言い換えると絶対に譲れない条件は何かをしっかり定めておくことです。

例えば、「地域の顧客のために事業を残したい」「従業員の雇用は確保してほしい」「代々続いた〝のれん〟を守ることが大切だ」など、オーナーによってさまざまです。なかには「なるべく高く売って老後の余裕を得たい」という方もいるでしょう。いずれも、オーナーの考え方なので、何がよくて何が悪いということはありません。しかし、すべての面で要望を満たしてくれる買い手は、まずいないのです。

事業承継のためのM&Aということであれば、承継させる＝会社を残すことが、第一の目的だともいえます。その場合に、高額な譲渡価格も要求する、自分の雇用などの待遇も要求するなど、要求事項が多くなると、まとまる話もまとまらなくなります。

確実にM&Aを実現するためには、求める事項に優先順位を付け、最優先事項以外は妥協することも必要です。

④ M&A会社選びの注意点

M&A仲介会社を選ぶ際のポイントもいくつかありますが、高い譲渡価格を示す業者がよい業者ではない、という点は押さえておきましょう。

M&A仲介会社や担当者によっては、契約を取りたいばかりに、非現実的な高額の譲渡価格を提示して「うちならこの価格で売れるので、契約してください」などという人もいると聞きます。しかし、譲渡価格を決めるのはあくまで買い手です。そして、買い手の価格目線には、先に示したようなバリュエーションの理論による「相場感」があります。買い手の立場になって考えてみれば分かりますが、あくまで経営の一環として譲り受けるのですから、理屈にあわないような高値で買うことができるはずがありません。

そこで、複数の会社に話を聞いてみて、1社だけ他より異常に高い価格を提示するような会社があったら、警戒したほうがいいかもしれません。

対策32　事業承継ファンドへのM&Aを検討する

M&Aの買い手として、近年特に存在感を増してきたのが「投資ファンド」です。投資ファンドとは、投資家から出資された資金をファンド化して、各種の対象に一定期間投資し、そこから得られた収益を投資家に分配するという事業を行っている会社です。

非上場企業を対象として投資するファンドは、「プライベート・エクイティ・ファンド（PEファンド）」や「バイアウト・ファンド」と呼ばれますが、その一種に事業承継ファンドがあります。名前のとおり、事業承継に課題を抱える会社に特化したファンドです。

ファンド事業の基本は単純です。まず、出資されたお金や金融機関からの融資を用いて、売り手会社の株式の全部、または大半を買い取り、経営権を把握します。それから経営改革を実施して業績を向上させ、バリュエーション（企業価値）を上げます。そして、数年後（多くは5年前後）に、購入時より高値で他社などに売却して利益を得るのです。なお、最近では、売却を前提とせず長期保有を掲げるファンドもあります。

では、事業会社へのM&A譲渡とファンドへの譲渡とではどんな違いがあるのでしょうか。

まず、ファンドは、バリュエーションを高めてから転売することが目的なので「ハンズオン」と呼ばれる直接的な経営関与をして、いわゆる経営の磨き上げを実施し、業績をアップさせてくれます。その際に、優秀な経営者や役員がファンドから直接、あるいは紹介で会社に送り込まれることもあります。こう書くと、既存の役員や元オーナーの意向を無視した組織変更やリストラが強行されるのではと心配されるかもしれませんが、通常はあり得ません。中小企業の場合、強引なことをして人材が流出してしまえば、業績を上げるどころではなくなるからです。むしろ、ファンド主導の経営改革で生産性が向上して待遇が良くなれば、従業員にも喜ばれます。

また、事業会社へのM&Aの場合、相手会社のグループ入りをするので、独立した法人とはいえ、どうしてもその企業グループの「色」はつきます。会社の文化や体質も、長期的には、相手にあわせていくことになります。一方、ファンドの場合、ファンド会社自体との文化統合は必要ないため、売り手会社の良い面での文化や伝統は維持されます。

また、ファンドは必ず数年後に株を売却しますが、その期間を「つなぎ」だと考えて、長期的な事業承継計画を立てることもできます。

例えば、後継者候補の子や孫がいるのだけれど、まだ若すぎるとか、社内でやる気のある人間はいるけれど、経験値や資金準備の面で今すぐは承継できないといったことがあります。その一方で、なんらかの事情でオーナーはなるべく早くリタイアしなければならないとします。そういった状況のとき、いったん事業承継ファンドにM&A譲渡して、5年くらい後、後継者の準備が整えられた時点で、後継者がファンドから株を買い戻せばいいのです。その時点が、いわば「本当の事業承継」で、ファンドの保有期間はそれまでの「つなぎ」というわけです。もちろん、最初からファンドを交えてそういう計画を立て、協力してもらいながら将来のスムーズな承継が可能になるように、準備を進めます。

一方、ファンドへのM&Aを検討する際の注意点としては、すべてのファンドが必ずしも強いハンズオンを行って経営を磨き上げてくれるわけではない点です。やはりファンド会社ごとに扱う業界の得意・不得意などもあるので、そのファンドの過去の実績をよく確認したほうがいいでしょう。

また、ファンドに出資してもらいたいと思っても、業績向上の可能性が低い衰退業種のような場合などは、出資が受けられないこともあります。ファンドに買ってもらえるのは、ある程度、業績向上の可能性が高い会社である点にも留意しておく必要があります。

対策33　M&Aとあわせて廃業も検討する

現状では、売上も利益も出せているし、財務にも余裕はあるけれど、後継者が見つからない、かといってM&Aはよく分からないし手間も時間もかかりそうなので、自分の代で会社を畳みたい、と考えるオーナー経営者もいます。会社を解散後、残った内部留保を個人資産として受け取って、リタイア生活の資金にしようと考えるケースです。

資産と負債をすべて清算し会社を解散して、残った財産（残余財産）があれば株主のものとして分配されます。

対策14でも触れていますが、自分が出資した資本金の額までは、出資の返還なので税金はかかりません。しかし、それ以上の残余財産を株主が受け取ると「みなし配当」とされて配当所得になります。例えば、会社設立時に出資した資本金が1000万円、会社解散時の残余財産が1億円だとしたら、9000万円が配当所得として課税対象となります。配当所得は総合課税の対象であり、給与や事業所得と一緒に課税され、所得税等の最高税率は55・945%です。

一方、この会社（の株式）を1億円でM&A譲渡した場合、やはり出資分の1000万円を差し引いた9000万円が課税対象となります。ただしこちらの場合、所得は譲渡所得という区分になり、所得税、住民税、復興特別税をあわせて一律で20・315%の税率の分離課税となります。

あくまで、残余財産とM&A譲渡価格が同じ金額であればという仮定のもとですが、右の数値例であれば、M&Aで株式譲渡をしたほうが税金が低くなるため、手残りは増えます。

特に、不動産の保有や賃貸管理を目的とした不動産管理会社の場合、法人が保有する不動産を個別に売却すると、まず売却益に対して法人税が課税されます。そのうえで、会社を解散すると今度は、みなし配当として課税されるために、不動産を会社に保有させたままM&Aで譲渡する場合に比べて、手残りは大幅に減ってしまいます。

仮に廃業する場合ではなくても、会社が保有する含み益のある不動産を売却する場合は、会社ごとM&Aをしたほうが有利になるということは、覚えておいてもいいでしょう。

なお、廃業に際しては、司法書士などへの報酬や、解散登記費用など、数十万円程度の費用がかかります。しかし、M&Aの場合に仲介会社に支払う費用は、（譲渡金額次第ですが）廃業費用よりは高額になることが普通なので、それも考慮しておく必要があります。

［第4章］

経営支配権を集中させ、経営を安定化する

――株主や経営支配権に関する悩みを解決

■株価対策だけでなく、経営権対策も重要

自社株式には経営権と財産権の意味があるということはすでにご説明したとおりです。ここまでは、主に財産権に関連した話を中心に見てきました。株式を相続財産という観点からのみ考えるのなら、なるべく株価が下がっているタイミングで移転したほうがいいでしょうし、オーナーの子どもなどの相続人が複数いるのであれば、なるべく公平に承継・相続させたほうがモメごとが起きにくいので、良いだろうと考えられます。

ところが、経営権という観点から見ると、一度移転した株式は簡単に元に戻せないので、確実に事業を承継させるタイミングで移転しなければなりません。当然、それが株価の低いタイミングと、必ずしも一致しているとは限りません。また、複数の相続人がいたとしても、会社を承継して経営を担うのが1人であるのなら、基本的にはその1人に経営権を集中させないと、経営が不安定化して無用なトラブルを招くことになります。

「コスト削減」とか「節税」という言葉は、キャッチーです。しかし、事業承継対策にお

いては、相続税・贈与税などの財産権の移転コストばかりに着目するのは悪手であり、経営権と財産権をトータルに考えて、バランスの良い承継対策を実施しなければなりません。場合によっては、経営権安定化のために、あえて相続税・贈与税などの負担が増える対策を採ることも必要になります。

上場企業の話ではありますが、近年世間を賑わせた「大塚家具」「大戸屋」などでの、いわゆる〝お家騒動〟は、いずれもこの、後継者への経営権の移行という点で、失敗をしてしまった事例だといえます。そのような事例を他山の石として、安心を第一に考えた承継対策を目指してください。

経営権対策して関しては、主に会社法に規定された各種の方法を活用します。なかでも効果的なのは「種類株式」の活用です。

種類株式とは、通常の株式（普通株式）の対比において、株主の権利が異なる株式のことです。9つのタイプが規定されており、それぞれ、議決権や配当分配権などの株主の権利が制限されていたり、あるいは付け加えられたりしています。次ページの図のように、9タイプが定められており、複数のタイプを組み合わせて使うこともできます。本章では

[図表 4-1] 種類株式の 9 タイプ

	種類株式の事項	内容
1	剰余金の配当についての種類株式	剰余金の配当について、他の株式より優越的な地位が認められる「優先株式」、劣後的（後回し）の地位になる「劣後（後配）株式」がある。
2	残余財産の分配についての種類株式	残余財産の価額の決定の方法や残余財産の分配に関する取扱いについて、「優先株式」「劣後株式」がある。
3	議決権制限株式	株主総会において議決権を行使することができる事項が制限される「議決権制限株式」。議決権のない「無議決権株式」とがある。
4	譲渡制限株式	譲渡に際して、会社の承認を要する株式。
5	取得請求権付株式	株主が会社に対して、その取得（買い取り）を請求することができる株式。
6	取得条項付株式	一定の事由が生じたことを条件として、会社が株主の持つ株式を強制的に取得（買い取り）することができる株式。
7	全部取得条項付株式	会社が、株主総会の決議によってその全部を取得することができる株式。
8	拒否権付株式	株主総会または取締役会において決議すべき事項のうち、その株主総会の決議のほかに、この種類株主を構成員とする種類株主総会の決議を必要とする株式。
9	役員選任権付種類株式	株式の種類ごとに、取締役・監査役の選任に関する事項について内容が異なる株式。

さまざまな種類株式が登場しますが、「どんなものだったっけ?」と思ったら、この図を確認してください。

■悩み(8) 株式の移転は進めたいが、経営への関与はまだ続けたい

暦年贈与などの制度を用いて移転コストを抑えながら、早めに株式を移転したいと思うオーナー経営者は多いでしょう。後継者候補が明確な会社なら、早めに株式を移転することはコスト的に有利になるだけではなく、後継者候補に経営者としての自覚をもたせ、社内外に次期後継者であることをアピールするという意味でも、有効な方法です。

後継候補者が1人の場合は、まだシンプルですが、親族や社内の事情でもう少し複雑な状況になることもあります。

例えば、オーナー経営者に子どもが3人いて、全員が経営への関与を希望しているような場合で、将来、3人のうちの誰かに後継者になってもらいたいが、現時点では誰にするのかを決めていないという状況です。こういう状況でも、もし自分に万一のことがあった

場合に3人の間で争いなどが起きず、スムーズな承継をさせるためにはどうすればいいのか頭を悩ませているオーナーがいます。

あるいは、高齢になってから子どもを授かったため、オーナー経営者が70歳を過ぎてそろそろ引退が視野に入る年齢になっても、子どもが20代前半あるいは学生で、当面は経営を任せることができないというケース。また、オーナーの子どもは別の仕事をしていて会社を引き継ぐ意志はないけれども、その子（オーナーの孫）には、経営を継がせる意志があるという場合。こういったケースでは、いったんは社内幹部やほかの会社に「つなぎ」として経営を担ってもらいながら、将来は親族に株式を戻すことができれば、と考えたくなります。

こういったやや複雑な状況でも、種類株式をうまく使えば解決が図れます。

ほかには、事業承継信託などの「信託」を使った経営権の移転計画も考えられます。こちらは、株式自体は普通株としても、その権利を誰が行使するのか、どんな条件で行使できるかといったことを契約で定める方法です。種類株式よりもさらに柔軟な設定が可能ですが、その分、複雑な契約が必要でコストもかかるなど、一長一短ではあります。

対策34　経営支配に必要な株主総会の議決権を確認する

株式会社の最高意志決定機関が株主総会であることは、会社法上規定されています。しかし、オーナー企業では、株主総会が有名無実化し実際は開催をしていないのに、形式的に議事録だけを作っているということも、実際上はよく見られます。

もちろん、平時において会社がきちんと回っているのであれば、それでも問題ないともいえるでしょう。しかし、事業承継の時期、経営者の交代という事態は、平時とは異なるために、オーナー経営者は、株主の権利や、株主総会の決議事項などをある程度押さえておかないと、トラブルのタネになりかねません。

もちろん、種類株式や信託を活用した経営権の移転対策を実施しようとする場合にも、株主総会の決議事項や株主の権利について、基本的な知識が必要です。

まず、株主総会では、どんな決議が可能なのかを確認しておきます。

ここから分かるように、議決権の過半数を保有している株主は、株主総会で役員の選定や報酬、配当について決めることができるため、平時の経営はほとんど支配することが可

[図表 4-2] 株主総会決議の種類

決議種別	定足数	議決数	主な決議内容（取締役会設置会社の場合）
普通決議	議決権の 過半数 (変更可能)	出席株主の 議決権の 過半数	▼役員等に関する事項 ・役員（取締役・会計参与・監査役）の選任 ・取締役の解任 ・会計参与および会計監査人の解任 ・株主総会の議長の選任 ・役員および清算人の報酬決定 など。 ▼書類・株式に関する事項 ・特定の株主との取引によらない、株主との合意による自己株式の取得 ・株式無償割当てに関する事項の決定 ・計算書類の承認 など。 ▼会社の計算に関する事項 ・資本金の額の減少（定時株主総会における欠損填補のためにするとき） ・準備金の額の減少 ・剰余金の額の減少 ・損失の処理、任意積立金の積立てその他の剰余金の処分 ・剰余金の配当 など。
特別決議	議決権の 過半数 (変更は3分の1以上であれば可)	出席株主の 議決権の 3分の2以上	・譲渡制限株式の買取 ・株主との合意による自己株式の有償取得の場合の取得事項の決定 ・全部取得条項付種類株式の取得に関する決定 ・株式併合 ・監査役の解任 ・資本金の額の減少 ・定款の変更 ・事業の全部の譲渡、事業の重要な一部の譲渡 ・事業の全部の譲受け ・会社の解散 ・組織変更、合併、会社分割、株式交換および株式移転の決議 など。
特殊決議		①議決権を行使できる株主の半数以上 ②①の株主の議決権の3分の2以上 (①、②の両方を満たすことが必要) または、 ③議決権の有無を問わず総株主の半数以上 ④③の株主の議決権の4分の3以上が賛成 (③、④の両方を満たすことが必要)	・株式会社が発行する株式の全部に譲渡制限を設ける旨の定款変更（①②） ・剰余金配当、残余財産分配、議決権について、株主ごとに異なる取扱いをする旨の定款変更（③④） など。

能です。

また、3分の2以上を保有していれば、事業を譲渡したり、会社を解散させたり、合併させることも可能になります。ほぼ完全に、会社を支配することができるというわけです。(なお、議決権の90%以上を有する株主を「特別支配株主」とする区分もあります。これは、対策42で解説するような特別の場合だけ関係する区分です)。

つまり、事業承継で後継者に株式を譲渡する場合でも、議決権の3分の1未満の譲渡であれば、現オーナーが最終的な経営支配権を有したままでいられます。ただし、もし特別決議や特殊決議が必要になると、後継者の賛同も得なければなりません。

ちなみに、この表で「株主が保有する株式を譲渡する形でのM&Aは、どの決議事項なのか?」と疑問をもたれる方がいるかもしれません。勘違いしやすいところですが、株式譲渡は株主の個人資産を売却する取引なので、原則的には、会社の機関による決定は関係ないのです。一方、事業譲渡や合併などは、会社が保有する資産を売却したり、会社の組織を変更する行為なので、株主総会の決議事項になります。両者を混同しないように注意しましょう。

株主総会議決数の3分の2以上の株を保有していれば、会社を解散させることまで可能になります。ほぼ絶対的な経営支配権を把握できるというわけです。

そのため、事業承継に際して、仮になんらかの理由で後継者以外の親族や役員などに株を持たせるとしても、その総計は議決権の3分の1未満とするようにして、3分の2以上は後継者に渡し、経営権を集中して移行させるのがセオリーです。

例えば、子どもが3人いて、全員が会社経営に関わるとしたとき、代表取締役にする長男に40%、専務にする次男に30%、常務にする三男に30%といった「平等」に近い割合で株式を承継させることがあります。もちろん、それでもうまくいく会社もあります。しかし、もしなんらかの理由で兄弟の仲が悪くなったときに、例えば次男と三男が手を組んで株主総会を開き、長男を取締役から解任させることもできるのです。

そこで、この例で長男を代表取締役に据えたいのであれば、株式も最低3分の2は長男に承継させたほうが、長男による経営が安定します。一方で、次男、三男が大きな不公平を感じるようでは、それはそれでトラブルのタネとなります。そこで、次男と三男には株式以外の資産を承継させてバランスを取り、あとで説明する種類株式や信託などの方法によって納得を図らなければなりません。

対策35　少数株主の権利を確認しておく

前項目で見たように、議決権数の3分の2を保有していれば、後継者の経営基盤は安定します。そのため、数％の株をもっているような少数株主がいても、その存在は気にする必要はないようにも思えますが、実際はどうなのでしょうか。それを理解するためには、まず株主にはどんな権利があるかを知っておいたほうがいいでしょう。

まず、株主の権利には、1株でももっていれば与えられる「単独株主権」と、議決権の保有割合に応じて与えられる「少数株主権」とがあります。単独株主権の代表は、株主総会での議決権や、配当を受ける権利などです。

また、少数株主権としては、議決権の1％以上の保有で、株主総会に議案を提出する権利、3％以上の保有で株主総会開催を請求する権利、会計帳簿（元帳など）を閲覧する権利などがあります。

[図表 4-3] 株主の権利（主なもの）

保有株比率		行使可能な権利
単独株主権		・株主総会議決権 ・取締役会招集請求権 ・剰余金配当請求権 ・残余財産分配請求権 ・定款、株主名簿、株主総会議事録、取締役会議事録、計算書類（貸借対照表、損益計算書など）、合併契約書等について、閲覧・謄写（コピー）の請求権 ・募集株式発行、自己株式の処分、新株予約権発行差止請求権 ・会社の組織に関する行為の無効の訴え提起権 ・株主総会決議取消の訴え提起権 （以下は、公開会社で6カ月以上保有している株主のみ） ・取締役の違法行為差止請求権 ・株主代表訴訟提起権 など。
少数株主権	1%以上	・株主総会の議題提案権、議案通知請求権 （一定の事項を株主総会の目的（議題）とする請求や、議案を提出できる権利）
	3%以上	・株主総会の招集請求権（株主総会の招集を請求できる） ・会計帳簿の閲覧および謄写請求権（会計帳簿などの閲覧や謄写を請求できる） ・役員の解任請求権 ・業務の執行に関する検査役選任請求権 ・役員等の責任軽減への異議権
	10%以上	・解散請求権 （会社の解散を請求することができる）
	3分の1超	・株主総会特別決議の単独否決 （定款変更、監査役解任、自己株式の取得、募集株式の募集事項の決定、事業譲渡、合併・会社分割など、株主総会特別決議が必要な事項の決定を否決することができる）
	50%超（過半数）	・株主総会普通決議の単独可決 （内容は図表 4-2 参照）
	3分の2以上	・株主総会特別決議の単独可決 （内容は図表 4-2 参照）
	90%以上	・特別支配株主の株式等売渡請求 （少数株主の有する株式等を、少数株主の個別の承諾なく、直接、金銭を対価として取得することができる）

オーナー経営者が、この少数株主の権利を確認して、もし「少数株主が議案を提案しても、株主総会では採決されないのだから、放っておいても大丈夫だろう」と感じたとしたら、それは少々認識が甘いといえます。

例えば、自社の役員に3％の株式を渡しているとします。その後、経営上の方針の違いなどから、その役員が退職し、しばらくしてから同業他社を起ち上げてライバル企業になったとします。その元役員が、自社の株式を保有したままなら、「お宅の会計帳簿（元帳など）を見せてくれ」と要求してきても、正当な理由である限り拒否できません。どんな取引先からいくらで仕入れているといった企業秘密が、結果的にすべて知られてしまうのです。

あるいは、中小企業ではどの会社でも、多かれ少なかれ、経営者の資産と会社の資産の公私混同があるものです。帳簿からそういう部分を突き止められて、業務上横領や背任にあたるなどとする告訴や、株主代表訴訟を提訴されるかもしれません。

ほとんどいいがかりのような内容で、相手に勝ち目が薄いとしても、提訴されれば対応せざるを得ません。そんなことに労力や費用がかかっては大変な無駄です。

ほかにも、株主の権利を悪用して嫌がらせのようなことがなされる可能性もあります。ところで、一般的に、中小企業の株式は「譲渡制限株式」になっています。そのため、相続による一般承継は例外として、それ以外では第三者に株式が渡ることはないので安心だと考えているオーナー経営者もいます。しかし譲渡制限株式でも、株主は会社に譲渡の承認を要求することはできます。よく分からない相手に株を売るので認めてほしいと言われても、認めるわけにはいかないでしょう。しかし譲渡を認めない場合は、会社が自社で買い取るか、あるいはほかの買取人を指定して買い取ってもらう必要があります。そして、その際の買取価格は、両者の協議で定めることになり、協議がまとまらなければ裁判所に申し立てることができます。相手から法外な株価をふっかけられたら、裁判をして決着をつけるしかなく、やはり多大な手間と時間がかかります。また、裁判での落としどころが、純資産価額方式での評価になると、相応に高額な買い取り金額になるという問題もあります。

結論としては、議決権3％程度の少数株主であっても、その気になれば、会社にさまざまなトラブルをもたらすことが可能であり、無視できる存在ではないということです。

だからこそ、なんらかの形で早めに少数株式を集約しておくことは事業承継対策としても重要なのです。

対策36　オーナーが黄金株（拒否権付株式）を保有する

「立場が人をつくる」とよくいわれます。

後継者にオーナー経営者としての実力をつけさせるには、実際にオーナー経営者の立場につかせて、成功も失敗もすべて自分の責任となる立場での経営をさせることが一番です。しかし、もし経営権を全面的に移転してしまうと、大きな失敗したときに取り返しがつかないことになるという不安もあるでしょう。

後継者は、やる気があるがゆえに、チャレンジングな新規事業に取り組んだり、場合によっては先代の経営方針や事業戦略を否定するような路線を取ったりすることがあります。それが成功すればいいですが、経験が不足しているために、大失敗をする可能性も大いにあります。後継者が父親の路線を否定したがために、身売りする事態に陥ってしまった巨大家具チェーン店などはまさにその典型例です。

つまり、「実際に後継者にやらせなければ実力はつかないが、やらせてみて大失敗するのも困る」という矛盾を抱えているのが、事業承継です。

また、財産権との関連でいえば、株価は一般的には上昇していくものであるため、株価が低いうちに早めに株式を全面的に移行しておきたいが、経営権については、一定の留保を残しておきたいという考えることもあるでしょう。

このように、基本的には後継者に経営権を移行するものの、いざというときに後継者の経営方針に「待った」をかける手段は担保しておきたい、そんなオーナーの希望を叶えるのが、種類株式の一種である「拒否権付株式」、通称「黄金株」の活用です。

黄金株とは、株主総会や取締役会での決議に際して、通常の決議とは別に、その株式の決議が必要になる種類株式です。つまり、この株式を保有する人が拒否すれば、株主総会や取締役会では否決されます。後継者に経営権を移行したあとでも、オーナーが黄金株を持っていれば、後継者の経営方針を拒否することができるというわけです。

ただし、黄金株にできることは、拒否だけです。代わりに何か別のことをしろと命令することはできません。そのため、基本的には後継者に経営を任せるけれども、どうしても認められないときだけは拒否して後継者に再考を迫る、という使い方になります。

具体的には、まず種類株式を発行できるように会社の定款を変更します（登記が必要です）。黄金株の拒否権に議決権割合は関係ないので、1株だけ拒否権付株式を発行し、オーナーが保有します。それから、黄金株以外の全株式を後継者に移転します。移転の方法はどのような形でもよく、例えば、対策18の持株会社を作る方法でも大丈夫です。

あとは、基本的に後継者に経営を任せて、オーナーがどうしても認められないときだけ、拒否権を発動すればいいのです。

黄金株は非常に強力です。そのため、もしオーナーに相続が発生したときなどに、後継者以外の人の手に黄金株が渡ってしまうと、大変なことになります。そこで黄金株に加えて「取得条項付株式」にしておくという手もあります。

取得条項付株式とは、一定の事由が発生した場合に、株主が保有する株式を会社が強制的に買い取ることができるタイプの種類株式です。オーナーの死亡や意思能力の喪失（認知症など）を、会社の取得事由にしておけば、相続で後継者以外の人の手に渡る心配はありません（さらに黄金株は会社に買い取らせる主旨の遺言も残しておけば完璧でしょう）。こういった形で、２種類を組み合わせた種類株式を発行することもできるのです。

対策37　後継者以外の子には無議決権株式を渡す

オーナーに複数の子がいる場合、株式をどのように承継させるかが問題になります。オーナーに２人の子がいて、長男が会社を承継し、長女は別の仕事について会社経営には関与しないとします。この場合は、株式は長男に１００％承継させ、長女には株式以外の資産、例えば生命保険を活用して現金を残し、公平を図ります。長女にとっても、関係のない会社の、しかも売れない株をもらうより、現金のほうがうれしいことが普通です。

一方、代表取締役は長男が務め、長女は専務として長男をサポートするというような場合は、長女にも株式を承継させることが多いでしょう。しかし、議決権を分散させることは、あとでトラブルのタネになります。

そこで、そういう場合、長女に渡す株は、議決権をもたない種類株式である「無議決権株式」とします。それなら、長男が１００％議決権をもつので、経営基盤は安定します。

ただし、単に議決権がないだけの株にはできないので、長女の株は優先的に配当金がもらえる権利を持つ「配当優先株式」にもしておきます。この株をもつ人だけ配当金額を多くすることもできます。こういった株式を渡すことによって、経営に関与する長女には、インセンティブを与えることができるわけです。これも種類株式のよくある活用法です。

さらに、応用的な方法もあります。

オーナーに長男と長女とがいて、どちらかを後継者にすることは確実だが、どちらかは決めていない、しかし、株価対策や自分に万一のことがあった場合のリスク管理上、早めに株式の移転はしておきたい、というケースがあるでしょう。

さらに、長男を後継者と決めて株式を移転したけれど、しばらくして長男よりも長女に経営者としての適性があると判断が変わり、長女を後継者にしたくなるケースもあります。そういうとき、長男が納得して、自分の株式をすんなり長女に渡してくれるとは限りません。仮に納得して渡してくれたとしても、無駄な移転コストがかかります。

そんな場合も種類株式が力を発揮します。

いろいろなやり方が考えられますが、ここでは後戻りできる方法を提示します。

まず、オーナーがもつ株式100％のうち、98％を無議決権の配当優先株式、かつ取得条項付株式にします。取得条項付株式は、一部の株式のみを取得することも可能です。そこで、取得事由を「長男もしくは長女が代表取締役に就任したこと」、取得対象を「代表取締役が持つ株式」とします。さらに、取得対価を普通株式への転換とします。この準備をしたうえで、第2章で見たように株価が下がるタイミングにあわせ、49％ずつの株を、長男、長女に移転します。

その後、議決権があるのは、オーナー保有の株だけなので、引き続きオーナーが経営権を掌握しています。そして、オーナーが長男を後継者としたいならば、長男はオーナーが保有する株式の贈与を受けるとともに、会社の決議を経て代表取締役に就任します。すると、取得条項付株式の事由にしたがって、代表取締役に就任した長男の株式は議決権をもつ普通株式になるというわけです。

オーナーのなかには、どちらを後継者とするかが決まらず相続を迎えてしまうこともあるでしょうから、そのことも考えてぜひ遺言書で手当てしておくことが必要です。このケースであれば、オーナーがもつ2％の株式を長男に相続する旨の遺言書を書いておきます。その後、オーナーが亡くなれば、遺言にしたがって、長男が議決権をもつ株式を取得し、手続を経て、代表取締役になることができます。

もしオーナーが存命中に「やっぱり長女のほうが社長にふさわしい」と、考えが変わったら、「オーナーがもつ2％の株式を長女に相続する」と、遺言書を書き換えればいいだけです。大きな相続財産の移転を伴う必要ないので、簡単に後継候補者を変更できます。

このように、種類株式を組み合わせることで、かなり複雑な条件での事業承継計画にも対応することができます。

対策38　信託契約の基本を理解する

信託を一言でいえば、財産を人に預けて管理してもらうこと、および、その財産から得られた経済的利益を指定した人に渡すことの、両方を定めた契約関係です。この契約を信託契約といいます。また、預けた財産を信託財産、利益を受け取る権利のことを信託受益権（または単に受益権）といいます。また、信託財産の名義は変更されて、受託者の名義になります。

信託には、財産を預ける立場、預けられて管理する立場、利益を受け取る立場の3つの立場が登場し、それぞれ、次のような名前が決まっています。

委託者：自分の財産を預ける立場
受託者：財産を預かって管理する立場
受益者：利益を受け取る立場

ここでのポイントは、それぞれの立場がそれぞれ別の人や法人でもいいし、同じ人や法人である点です。

例えば、自分がもっている賃貸不動産物件（信託財産）について、子どもと信託契約を結んで管理してもらうとします。不動産物件から得られる家賃収入は、自分が受け取ります。このとき、自分は「委託者」かつ「受益者」であり、子どもが「受託者」です。

もう一つ、信託で重要な考え方に「指図権」というものがあります。これは、受託者が行う信託財産の管理や処分について「指図」をする権利です。指図権を持つ人が誰か、どんな内容の指図権なのかも、信託契約で規定することができます。例えば、右の事例なら、「自分（委託者）が認知症になったら、委託者は不動産物件を売却する」という指図をすることができます。

以上のような、家族間だけで信託を行い受託者が非営利の契約は「民事信託（＝家族信託）」と呼ばれます。一方、信託銀行などの営利企業が受託者になる場合もありますが、こちらは「商事信託」と呼ばれます。

事業承継に信託を使う場合は、自社株式を信託財産にします。信託は契約関係であるため、目的に応じてさまざまな設計が可能です。そのパターンは次の項目で確認します。

対策39　信託を活用して株式を後継者に移転する

信託活用パターン1：株式の財産権だけを移転する

例えば、これから上昇するであろう株式は、早めに後継者に移転したいと考えている、まだ経営権は渡せないが、自分に健康不安があるため、万一のことを考えて株式の移転を確実にしておきたい、といった場合に信託が活用できます。

オーナーが「委託者」かつ「受託者」になります。変な感じがしますが、このような

「自己信託」も可能です。そして受益者を後継候補者にします。受益権の贈与には贈与税が課されるため、この時点で後継者に贈与税が課税されます。そのため、株価の低いタイミングで実施することがポイントです。

これだけなら単なる生前贈与と同じことですが、自己信託では株式の名義はオーナーのままなので議決権はオーナーにあります。つまり財産権と経営権を分離して、財産権だけを後継候補者に渡し、経営権はオーナーに残しておく方法が、自己信託なのです。

そして将来、後継者に経営を任せられると判断した時点で信託契約を解消すれば、経営権も後継者に移ります。贈与税はすでに支払っているので、新たな課税は生じません。

信託活用パターン２：受益者連続型信託

1のパターンで、受益者となっている子が亡くなってしまうと、受益権は相続財産として子に配偶者がいれば配偶者に相続されます。これが事業承継のトラブルの元になることがあります。そんな場合に備えて、このタイプの信託設定をしておけば、亡くなった子の受益権を、オーナーが指定した人（例えば孫）に渡すことができます。「次の次」まで見据えた事業承継対策も、信託を使えば可能になります。

■悩み（9） 分散している株式を集中して承継させたい

会社の規模にかかわらず、社歴の長い会社であれば、株主が分散して、数％の株式だけを保有する「少数株主」が複数いるということはよくあります。少数株主の存在はさまざまなトラブルのタネになりかねないので、事業承継を機に、なるべく株式を後継者に集中させておくことを考えたほうがいいでしょう。

少数株主といっても、オーナー経営者が実際にその人を知っている親族で、普通に話ができる関係性の相手であれば、大きな問題が生じることはあまりありません。

「今度子どもに事業承継するから、後継者に株式を集中させようと思っている。ついてはあなたの持株を適切な価格で買い取らせてほしい」と率直に話せば、拒否する人はあまりいないはずです。

しかし、少数株主に株が渡ってから年月が経過してしまっている場合、最初は親族に渡したはずの株が、その配偶者に相続されて、その兄弟に相続されて……、などを繰り返し、まったくの「赤の他人」が株を持っているということも、あり得ます。

そういう他人にまで株式が分散してしまっていると、株を取得しようとするとき、いろいろと不満を主張する人が出てくることがよくあります。オーナーの頭を悩ます事態です。かといって、放置はしないほうがいいでしょう。対策35で見たように、少数株主にもさまざまな権利が与えられているため、好ましからざる人物に株式が渡ってしまうと、経営基盤を脅かすような事態にまで発展しかねません。

だからこそ、事業承継を機に株式を集中させるべきなのです。株式（経営権）の集中も重要な事業承継対策の一部だと考えましょう。

ここで、「うちの会社は、定款で譲渡制限株式になっていたはずだが……」と思うオーナーもいるかもしれません。譲渡制限株式とは、他人に自由に売ることができない株式で、売ろうと思ったときには会社の承認が必要になります。ほとんどの中小企業の株式は譲渡制限株式として設定されているはずです。

ところが、相続による財産承継については、この譲渡制限の対象とはならないのです。

そのため、なんらかの方法で買い戻すなどして、取得しなければなりません。ここでは、株式を取得するための対策方法について解説しています。

対策40　金庫株による現金化

現オーナー一族とは関係が薄くなってしまっている少数株主の相続人（子など）が、相続財産として株を受け取るケースを考えます。

毎年、配当金を出している会社や、近い将来にＩＰＯの予定があるような優良企業の株なら、喜んで受け取るでしょう。しかしそんな会社は例外的で、配当も出さない会社のほうが多数派です。相続人からすると、そんな会社の株をもらっても、売ることもできないし、場合によっては相続税も発生し、いいことがないのです。

そこで、相続の前後に、そのような少数株主（被相続人または相続人）に連絡をして、しかるべき価格で買い取りたいという説明をすれば、特別な問題のある人でなければ応じてくれる可能性は高いでしょう。

その場合、オーナーが個人資産で買い取ってもいいのですが、そうするとオーナーの事業承継に際しての株数が増えることになります。そこで、会社が買い取って金庫株とすることが一般的です。なお、少数株主の相続人でも、相続税が課税される人なら、対策14で説明した金庫株特例が利用可能なので、そういう説明もしてあげるといいでしょう。

対策41　相続人などに対して株式の売渡請求をする

相続などで株式を取得した少数株主が、買い取りに応じてくれればいいのですが、なかには敵対的な姿勢を示す人もいます。そういう人から株式を取得するための最も基本的な対策方法は、定款に売渡請求の規定を定めておくことです。

会社法には、以下の条文があります。

会社法第174条
株式会社は、相続その他の一般承継により当該株式会社の株式（譲渡制限株式に限る。）を取得した者に対し、当該株式を当該株式会社に売り渡すことを請求することができる旨を定款で定めることができる。

ここで、以下の5つのポイントがあります。

①少数株主は、会社からの売渡請求を拒否することはできない。

②「相続その他の一般承継」について、相続は分かりますが、その他の一般承継とは、法人の合併や分割の場合を指します。また、自分（現オーナーや先代オーナー）が譲渡したり贈与したりした相手は、相続などによる取得ではないので、含まれません。

③譲渡制限株式に限る点について、多くの中小企業は、自社株式を譲渡制限株式にしていると思います。しかし、会社設立時によく理解しないまま定款作成をしてしまった会社や、株式公開を目指しているような中堅企業では、譲渡制限株式に設定していないケースもあるので要確認です。

④売渡請求には期限があります。「相続その他の一般承継があったことを知った日から1年以内」に請求をしなければなりません。

⑤売渡の価格については、相手との協議で決めることになります。その協議がまとまらない場合は、裁判で申し立てることができます。裁判では、会社の資産状態その他一

切の事情を考慮して、売買価格が決定されるとしています。この場合、相続税評価による評価額よりも高額に評価される可能性もあります。

売渡請求の規定は定款に書いておいて損はありません。現状の定款に規定がなく、追加したい場合は、株主総会の特別決議によって追加できます。

対策42　特別支配株主による株式等売渡請求制度を使う

「特別支配株主による株式等売渡請求制度」は、２０１４年に制定された比較的新しい制度です。前項目の「定款の規定による相続その他の一般承継人に対する売渡請求」(以下、「一般承継人に対する売渡請求」と略記)に似ているのですが、異なる制度です。

まず「特別支配株主」とはなにかといえば、総株主の議決権の90％以上を有する株主のことです。その株主が、残りの10％未満の株をもつ少数株主に対して、株の売渡を請求できる制度です。

一般承継人に対する売渡請求と同様、本制度でも買い取りは強制的なものとなり、請求された少数株主は売渡を拒否することはできません。

本制度が一般承継人に対する売渡請求と異なる点として、まず、特別支配株主が存在していれば、定款の定めに関係なく、少数株主に対して売渡請求ができます。また、売渡請求をする主体が「一般承継人に対する売渡請求」の場合は、会社からの請求になるのに対して、特別支配株主による請求の場合は、特別株主自身からの請求になることも、異なる点です。

この実施プロセスですが、特別支配株主はあらかじめ売渡請求することを会社に通知して、会社の承認（取締役会の決議など）を得ることが必要になります。

会社の承認が得られなければ、実施できません（現実的には、特別支配株主から求められて取締役会がこれを承認しないことは考えにくいでしょう）。そして、取締役会で承認が得られた場合は、会社から少数株主に通知がなされるというプロセスを踏みます。

なお、請求をされた少数株主は、強制的に買い取られてしまうということに不満を感じることもあるでしょう。差止請求や、無効の訴え、売買価格の決定の申し立て、取締役に対する損害賠償請求などの対抗手段を講じることができます。

裁判になれば、結論が出るまでに数年の時間がかかることもあります。また、思ったより高い価格で買い取らなければならないこともあり得ます。可能であるなら、友好的な話し合いによる取得を目指したほうが望ましいことは言うまでもないでしょう。

対策43　全部取得条項付種類株式で少数株主を排除する

対策36・37で、取得条項付株式を説明しました。一定の条件のものを、会社が株主から取得できる株式です。それとよく似ているのが、全部取得条項付種類株式です。これは「全部」という名前が付いているとおり、すべての株式を会社が強制的に買い上げることができるという種類株式です。敵対的な少数株主がいる場合でも、すべての株を集めることできる強力な方法です。

具体的には以下のようなプロセスで実行します。

①株主総会の特別決議を経て、定款を変更し、種類株式発行会社である旨を定める（種類株式を使う対策ではすべて共通。すでに変更していればここは不要）。

②株主総会特別決議で、普通株式の全部を、全部取得条項付種類株式に変更する定款変更を認める特別決議をする（①と同時の株主総会で行っても可、また当該条項を付さ

れる種類株主総会の特別決議も必要)。
③全部取得条項付株式へ変更する20日前までに株主に対して、株式の種類を変更する旨の通知をする。なお、変更に反対する株主は、会社に買取を請求することができる(変更を拒否することはできない)。
④株主総会特別決議を経て、会社がすべて全部取得条項付種類株式を買い取り金庫株とする(買取はオーナーの株も含めた全株式)。あわせて、新規に普通株式を発行する。
⑤全部取得条項付種類株式の買取対価として、会社からオーナー経営者(または後継者)に対しては普通株式を交付する。端株となる他の少数株主に対しては、現金を支払う。

これで、オーナー経営者(または後継者)だけに、100%の議決権を集中させることができます。会社が取得した全部取得条項付種類株式は、そのまま金庫株のままにしていてもいいですし、あとで消却しても大丈夫です。

このように少数株主を排除することを「スクイーズアウト」といいますが、本対策は、前項の特別支配株主による株式等売渡請求と並び、スクイーズアウトの代表的な方法です。

一つ注意しておくべき点として、少数株主の割合によっては、会社に相応の資金が必要となる点です。会社の自社株式取得については、財源規制という制約が定められており、買取時点の分配可能額（その他資本剰余金の額＋その他利益剰余金の額とほぼ同じ）の範囲内までしか認められません。これは自社株式を取得するほかの方法でも同様ですが、本対策の場合は全株式を一度に取得するものであるため、特に注意しておきたい点です。

対策44　名義株を解決しておく

「名義株」という言葉にはなじみがないかもしれません。これは、さまざまな要因により、株主名簿上の株主と本当の所有者が一致しない株式をいいます。

名義株は、昔の会社設立時に「名義貸し」がよく行われていたことから生じたものが大半です。１９９０年の旧商法改正前は、株式会社設立時には最低7名の発起人（株主となる人）が必要とされていました。7人もの発起人を集めることは大変なので、会社を設立する人は、親族や友人に「出資金は出さなくていいから、名前だけ貸してほしい」と頼んで、〝名義貸し〟で発起人を集めることがよくありました。このように単に名前を貸しただけで、出資も自分では行っていない株主が名義株主であり、その人の株が名義株です

（増資や株式の暦年贈与などで名義株が発生することもあります）。

名義株が残っていると、さまざまなトラブルの元となります。

まず、名義株が、名義貸しをして株主名簿に名前が載っている人と、実際に出資した人の「本当はどちらのものなのか」という点については、（議決権の行使や配当金支払いなどの状況にもよるのですが）税務上は、出資した人（オーナー経営者）のものだと判断されるのが普通です。

すると、こんな問題が生じます。例えば、会社の全株式が１００株で、オーナー名義の株が70株、名義株が30株あったとします。そして、後継者に名義株のことを知らせないままオーナーが亡くなって相続になった場合、後継者はオーナーの株式分だけが自分の相続財産と考えて、70株を元に相続税の申告をするでしょう。ところが、税務当局は名義株もオーナーの資産だとみなしますので、30株分が申告漏れとされて、追加納税をしなければならないことになる可能性が大きいのです。

もし後継者が、名義株であることは知っており、課税上は適切に処理をして問題が生じなかったとしても、会ったこともない人が何人も株主名簿に名前を載せているのは、後継者としては気持ちのよいものではありません。

一方、名義株主のほうに相続が発生し、相続人が名義株を相続することもあり得ます。その際に、名義貸しの事情などを名義株主の相続人が知らないとすれば、会社に対して株主としての財産権などを主張してくる可能性があります。もし自社のオーナーが亡くなってしまっていると、後継者が「実はそれは名義株です」と証明するのは、非常に困難になります。いずれにしても後継者にとってはトラブルのタネです。そこで、事情を知っている現オーナーの代のうちに整理しておきましょう。

名義株の整理方法は大きく分けて金銭負担がかかる方法と、かからない方法とがあります。

名義株主本人が存命中で、かつ、オーナーとの関係性が悪化していないのならば、本人同士で話をして、「名義株式である旨の確認書」を作成・取り交わします。そのうえで、名義を本来の所有者であるオーナーに変更すればいいのです。

一方、名義株主との関係性が悪化している、あるいは、名義株主本人が亡くなっていて、相続人に名義が移っており、相続人は財産権を主張しているといった場合は、適正な対価を支払って買い取ることになります。話し合いで取得対価を決めたうえで、「株式売買契約書」等を作成・取り交わします。名義株式に契約書どおりの対価を支払い、株式の名義をオーナーに変更します。

株価対策や経営権対策にとどまらず、名義株のようなオーナー時代の「負の遺産」を、きれいに整理しておくことも、オーナーがやっておくべき大切な仕事です。

［第5章］

〝争続〟の心配がないように、してておくべき準備

――相続で争わないために

■オーナー経営者の相続は事業承継と切っても切れない

会社の事業承継と家族の相続とは本来は別の事柄ともいえますが、オーナー企業の経営者にとって、事業承継と相続は切っても切れない関係にあり、一体のものとして考えなければなりません。

相続人が子ひとりで、その人が会社の後継者にもなるという、もっともシンプルな親族構成であれば、考慮すべき要素は相対的に少なくなりますが、それでも、財産を移転するタイミングなど、考えるべきことはあります。まして、配偶者やほかの家族がいるのであれば、その人たちの将来の生活や気持ちにも目配りし、争いが起きないように配慮しつつ、経済的にもメリットが感じられる対策を取らなくてはなりません。

相続対策をしていないとどうなるか？

人がいつ亡くなるかは分からないため、相続は予想もしないタイミングで突然訪れることがあります。では、まったくなんの準備もしていないまま、オーナー経営者が亡くなってしまったらどうなるでしょうか？

オーナー経営者が自社株式を100％保有していたとしたら、自社株式は全部、遺産分割協議が済むまでは、相続人全員の共有財産となります。相続に配偶者と子3人がいるとしたら、そのなかで誰が、どれだけ自社株をもつのかは、遺産分割協議で決められることになります。もし、オーナーが生前に「会社は次男に継いでもらいたい」と考えており、また、次男もそのつもりで自覚していたとしても、その準備をしていなければ、遺産分割協議次第では、自社株式が法定相続分どおり（配偶者は2分の1、子は6分の1ずつ）の割合で分割されてしまうかもしれません。もしそうなったら、次男の持ち株は約16・7％であり、後継者として安定して経営をすることはできません。

次男に株式を集中して分割しようとしても、自社株式のほかにめぼしい資産がなければ、他の相続人は納得できないでしょう。その場合でも可能性のある対策方法は、本章で説明しますが、確実ではありません。

さらに、遺産分割協議がまとまって結論が出るまでは、自社株式は相続人の共有名義のままになっています。もしその間に会社に、株主総会で重大な意志決定をしなければならない事態が発生したら、どうなってしまうのでしょう？　共有名義の株については、全員の協議で意志決定をしなければならないとされています。遺産分割協議がまとまらずにモメているような状態では、実質的には株主総会としての意志決定ができない状態が続く可能性もあります。そうすると会社の経営は危機に陥るでしょう。

せめて遺言書があって、オーナーの意志が明確に示されていればそれにしたがって相続人も考えることができますが、遺言書がなければどうしようもありません。法定相続分で自社株式を分割して、会社が一族の共同経営となって、うまくいくのであればそれはそれでよいでしょうが、現実的には共同経営は、経営意志決定が難しく、経営体制として望ましいものではないケースが多いのです。

会社の無事な存続を考えるのなら、最低でも遺言書を用意しておくことは、オーナー経営者として、今すぐやるべき事業承継対策の基本なのです。

■悩み（10）　資産の大半が自社株式だが、トラブルのない遺産分割をしたい

一口に「相続対策」といっても、その中身は大きく「遺産分割対策（争続防止対策）」「相続税対策（評価減対策）」「納税資金対策」などの異なる側面にわけられます。

それぞれの側面は異なる目的をもっており、どの目的を重視するかによって対策内容も異なってきます。

例えば、相続税対策という側面では、評価額の低い資産に組み替えておくのが、基本です。現金なら額面そのままの評価額であるのに、不動産に組み替えれば時価よりも評価が下がるし、不動産でも自宅や自用地ではなく、他人に賃貸していればさらに評価が下がる、といった具合です。評価が下がれば、相続税額低減につながります。

しかし、これを遺産分割対策という観点から見ると、不動産は分割しにくいために、遺産分割対策に使うには向いていない資産です。

また、相続税は原則的に現金で支払わなければならないため、不動産のような現物資産

だけを相続されても、相続人が困ることがあります。相続人自身の手持ちの現金が少なければ、不動産を売って現金化するか、お金を借りて納税することになるかもしれません。

オーナー企業の自社株式も、不動産と似たような性質をもちます。ただし、自社株式は、不動産と違って第三者への売却がほぼ不可能であること、経営権と財産権をもつこと、時間が経つにつれて基本的に価値が増えていくこと、相続財産としての評価方法がいくつもあり複雑なことなどの性質をもつことから、扱いがより難しい資産です。

そして、オーナー経営者の場合、遺産の大部分がこの自社株式で占められていることが多いのです。

私たちのところに相談に見えるオーナー経営者の事例でいうと、何も対策をなさっていない方の場合、個人資産に占める自社株式の割合は、7~8割になることは珍しくありません。もちろん、なかには5割を切っている方もいますが、それはすでにさまざまな対策を実施している方です。無対策であれば、資産の大半が自社株式になってしまうのです。

そこで、自社株式が資産の大半となる場合の相続対策について、解説していきます。

なお、株価対策などで既出の方法を、遺産分割対策（争続防止対策）や納税資金対策という面から再び採り上げているケースもあります。

対策45　オーナーの生前に自社株式を現金化しておく

相続財産となる資産には、分割しやすいものと、しにくいものとがあります。もっと最も分割しやすい資産は、当然ですが現金です（ここでの現金には預金も含めます）。自社株式も、１００株あれば50株ずつに分けるなど制度上は分割しやすい資産です。しかし実際上は、経営権を集中させるという意味で、分割しないほうがよい場合がほとんどです。つまり、実際上は、分割しにくい資産ということになります。

それなら、オーナーの個人資産の大半を自社株式が占めている状況であれば、相続を見据えた〝争続〟対策として、オーナーが存命中に、自社株を分割しやすい現金と交換しておけばよいことになります。

自社株を現金にする方法は、いくつか考えられますが、主なものは、①後継人が持株会社を設立する方法（対策18）、②会社がオーナーの株の一部を買い取り、金庫株とする方法、の2通りでしょう。事業承継対策とセットで考えるのであれば、①の方法を取ることが多いかもしれません。後継者の設立した持株会社にオーナーの株式を売却してしまえば、株式の移転という観点での事業承継はそこで済み、一方で、オーナーの手もとには現金が残るからです。

あとは、残った現金をなんらかの分割しやすい資産として残せばいいだけです。もちろん現金のままでもいいですし、ほかの金融資産や保険商品などを使ってもいいでしょう。

ただし、この方法では経営権も後継者に移ってしまうため、完全に後継者に事業承継できる状況が整っていなければ使えません。

次に②の方法はシンプルですが、会社の現金資産に余裕がなければ利用できません。また、オーナー以外に株主がいると議決権割合が変わってしまうために、オーナーが100％株主の場合以外は、使いにくいでしょう。100％株主であったとしても、全部の株式を売ってしまうわけにはいかないので、一部の換金にとどまります。

さらに、オーナーが受け取る売却対価が、みなし配当課税で総合課税になるため、オーナーの報酬によっては、50％近い税率となることも注意したい点です（①の場合、譲渡所得となり、20・315％の分離課税）。

なお、換金した現金の相続割合などは、遺言書で指定しておかなければならないことはいうまでもありません。

対策46　相続後に代償分割を使って自社株を集中させる

遺言書を残さないまま、先代オーナーが急死してしまった場合を考えます。

例えば、相続人が長男、長女、次男で、遺された相続財産は議決権100％分の自社株式（時価3億円）と現金3000万円だとします。そして、長女と次男はほかの会社で働いており、会社経営には関心がなく、長男が承継することでは合意しているとします。経営安定という観点では、長男が全株式を相続するのが望ましいですが、長女と次男が現金1500万円ずつの相続では著しく不公平です。長女と次男の遺留分（この例では各自5500万円）を満たしていないので、遺留分侵害額請求をされる可能性が大きいでしょう。

そこで、長男が現金を用意して、長女と次男にそれぞれ8500万円ずつを支払います。するど、長男の取り分は3億円－1億7000万円＝1億3000万円、長女と次男の取り分は、それぞれ1億円となります。長男が3000万円分多いですが、自社株式は現金化できる資産ではなく、また、会社の経営という重責を担わなければならないことから、この程度の差は、十分納得可能な範囲でしょう。このように、分割が難しい資産をまとめて相続した相続人が、ほかの相続人にお金を支払う方法を「代償分割」といい、よく用いられている方法です。

対策47　相続後に金庫株を使って自社株を現金化する

代償分割はスムーズに株式を後継者に集中できる方法ですが、後継者が多額の現金を用意する必要があり、株式評価が高くなればなるほど、実施のハードルが上がります。

では、前対策と同じ状況設定で、長男が代償分割に使えるほどの現金を用意できないとします。この場合に考えられる対策は、金庫株による買取です。例えば、法定相続分で遺産分割します。長男、長女、次男の各自の相続財産は自社株式1億円、現金1000万円です。このうち、長女と次男が相続した1億円分の自社株は金庫株として会社に買い取ってもらえば、長女と次男にとっては不要な自社株を現金に換えることができます。株主は長男だけになるので、１００％の議決権を確保できます。

ただし、会社からすると、この買取には事業上のメリットがない、単なる現金流出です。相当に多額の内部留保をもち余裕のある会社以外では、実現は難しいかもしれません。

なお、相続した自社株を売却した相続人に相続税が課される場合は、対策14で見た、金庫株特例と取得費加算の特例が利用できます。本事例の金額設定では、長女、次男に相続税がかかるので、金庫株特例が利用可能です。

対策48　代償分割資金の用意のために生命保険を活用する

オーナーが生前に準備をしておけば、対策46、47のような状況になることを防げます。

準備の方法にはいくつかありますが、一つは生前に、贈与または譲渡などにより、後継候補者に移転しておくことです。

しかし、たびたび述べてきたように経営権の問題があるため、いつでもすぐに実現できる方法ではありません。準備に時間がかかるのです。そして、その準備が整う前にオーナーが亡くなってしまうこともあります。また、ひとたび株式の移転を実行してしまうと、元に戻すことが困難になるというデメリットもあります。全株式を贈与・譲渡してから「やっぱり後継者はほかの人間にしたい」と思っても、それはほぼ不可能です。

一方、思い立ったときにすぐに導入でき、確実に効果が得られるのが、保険（生命保険）の活用です。保険には、契約によりいつでも導入できるという特長以外にも、掛けている途中で、いつでも受取人を変更することができるというメリットもあります。そのため、生前贈与・譲渡や、信託など、ほかの方法をいずれ検討するとしても、まずは保険を使って最低限のセーフティネットのような相続対策をしておくことがベターです。

保険には数多くの種類があり、また近年では法規制もたびたび変わるため、具体的な商品タイプなどは、保険代理店などから最新情報を得ていただきたいと思いますが、ここでは、ごくオーソドックスな基本対策方法を確認します。

保険契約には、保険契約を結んで保険料（掛金）を支払う人＝保険契約者、保険の対象となる人＝被保険者、保険金を受け取る人＝保険金受取人の3つの立場が出てくるので、混同しないように注意してください。また、それぞれが誰かによって、課税関係も異なってくるので、その点も要注意です。

まず、対策47と同様、長男、長女、次男の3名が相続人で、長男が後継候補者だとします（配偶者はすでに死亡）。そして、時価3億円の自社株式と、現金3000万円が相続財産だとします。さらに、オーナーが契約者かつ被保険者で、後継候補者（長男）が受取人となる保険金2億円の生命保険に加入していたとします。

オーナーが死亡後、長男には保険金2億円が支払われます。ここで大切なポイントは、この保険金は、民法上は相続財産には含まれない長男の個人財産（固有の財産）になるという点です。したがって、遺産分割協議の対象となるのは株式3億円と、現金3000万円だけで、長男の保険金は含まれません。

そして、右の相続財産は、遺産分割協議により、長男が全株式（3億円相当）と現金1000万円、次男と長女は現金1000万円ずつで分割することとします。そのうえで、長男は受け取った保険金2億円で、長女と次男にそれぞれ1億円ずつ代償分割金を支払います。すると、長男の取り分は3億1000万円－2億円＝1億1000万円、長女と次男の取り分は、1000万円＋1億円＝1億1000万円で、公平な分割が可能になります。

ここでもう一つの大事なポイントは、代償分割には遺言書が不可欠だということです。長男が受け取る保険金は、あくまで代償分割に使うための資金であることを遺言書にしっかり記載しておかなければなりません。そうしなければ、長男が「これは相続財産ではなく、自分の財産なのだから代償分割はしない」と言い出す可能性もあります。そういったトラブルを防ぐためには、しっかり遺言書を作成しておくことが必要です。

また、遺言書で保険金を代償分割に使うことを記載しておいた場合は、長女と次男が受け取った代償分割金に贈与税がかかりません。しかし、遺言書に記載がなければ、代償分割ではなく単なる長男からの贈与だと見なされて、贈与税がかかる可能性があります。

代償分割金準備のために保険へ加入するときは、それと同時に、遺言書の作成が必須だと考えましょう。

次に、右のような準備をしたあと、何年かの年月か経過して家族の事情が変わり、「やっぱり、後継者は長男ではなく長女にしたい」となったとします。

そういう場合は、保険金の受取人を長男から長女に変更したうえで、遺言書の内容の代償分割に関する部分を書き換えればいいのです。遺言書は何度でも書き換えることができます。このように柔軟な変更が可能な点が、保険を活用した対策の特長です。

なお、読者のなかには「代償分割なんて面倒なことをしないで、長女と次男をそれぞれ保険金受取人にして、直接保険金を渡せばいいじゃないか？」と疑問を感じた方もいるかもしれません。しかしそうすると、保険金はそれぞれの固有の財産になるだけなので、遺産分割で不公平が生じるという問題は解決できません。もし、後継者に自社株式を集中させると遺留分が不足する場合、長女と次男から長男に対して遺留分侵害額請求を求められる可能性があります。代償分割であれば、そのようなトラブルの可能性を完全になくすことができるのです。

対策49　代償分割資金に死亡退職慰労金を使う

オーナー社長の死亡退職慰労金は、死亡を契機として遺族に支払われる退職金です。生命保険金と同様、死亡退職慰労金を代償分割の資金として使うことができます。

まず、死亡退職慰労金は、受取人の指定がない場合、相続人の遺産として遺産分割協議の対象になります。一方、退職慰労金規定により「死亡の場合は長男に支払う（長男が請求できる）」などと受取人の指定がある場合は、生命保険金と同様、指定された相続人固有の財産となり、遺産分割協議の対象にはなりません（退職慰労金規定が必要です）。

そこで、遺言書に、自社株式は長男に全部相続させる旨と、死亡退職金を代償分割の資金として使う旨を記載しておき、対策48と同様に代償分割を行えばいいのです。

なお、会社が死亡退職慰労金を支払う資金も、生命保険で用意するのが一般的です。

この場合、保険契約者は会社、被保険者がオーナー、保険金受取人が会社となります。

そして、オーナーが生前に退職する場合は保険を解約して解約返戻金を退職慰労金の原資とし（対策48）、死亡した場合は死亡保険金を死亡退職慰労金の原資とします。

さて、ここで生命保険金や死亡退職金の相続税法上の扱いについて確認します。

すでに述べたとおり、オーナーが契約者となった生命保険金（※）や、受取人の指定がある死亡退職金（死亡後3年以内に支給が確定したもの）は、民法上は、受取人である相続人固有の資産です。しかし、相続税法上は相続財産と見なされ（みなし相続財産）、相続税の課税対象となります。民法上の扱いと相続税法上の扱いの差異に注意してください。

また、相続税法上、生命保険金も死亡退職金も、原則として、相続人１人につき５００

万円の非課税枠があります。例えば相続人が3人いて、長男が生命保険金として1億円を受け取った場合、相続税の非課税枠は1500万円（500万円×3）です。一方、生命保険金として5000万円、死亡退職金として5000万円と、別々に受け取れば、同じ1億円の受け取りで、非課税枠は3000万円（＞500万円×3人×2）になります。両方を利用したほうが、非課税枠が増やせるので、相続税対策としては効果が大きいということです。

（※）契約者が相続人（長男）、被保険者がオーナー、保険金受取人が相続人（長男）という形の保険契約で受け取る死亡保険金は、当然、相続人固有の財産です。この形で受け取る死亡保険金を代償分割資金にすることもできます。ただし、この場合の死亡保険金は相続人の一時所得として所得税の対象になります。相続税の非課税枠とは無関係です。

対策50　後継者以外の相続人には無議決権株式を渡す

後継者には自社株式を集中して渡し、経営に関与しないほかの相続人には自社株式以外の資産を不公平にならないように渡すというのが、相続によるトラブル防止の基本的な考え方です。しかし、後継者以外の人に株を渡すこともあります。

例えば、長男が後継者として代表取締役になる一方で、長女が常務取締役になる、あるいは営業部長として働くなど、後継者以外の相続人も、会社に関与する場合です。

また、他社で働いているなどで経営にはまったく関与しない相続人でも、配当金を目当てに、あるいは将来ＩＰＯ（株式公開）する可能性もあるかもしれないと考えて、株式をもっておきたいと希望することがあります。さらに、父親が創業して遺した会社に多少なりとも関与したいという（あるいはさせたいという父親の）感情的な理由によることもあります。

このような場合は、対策37でも見たように、無議決権種類株式＋配当優先種類株式を発行して、それを相続させるという方法を取るとよいでしょう。議決権だけは後継者に集中させるのです。なお、将来ＩＰＯする場合は、無議決権株式は普通株式に転換することが一般的ですので、ＩＰＯを目指す会社の場合は注意してください。

対策51　遺留分に関する民法特例を使う

第2章で事業承継税制について説明しましたが、事業承継税制は事業承継を円滑化するために制定された「経営承継円滑化法」の一部です。同法において、事業承継税制とあわせて用意されているのが、「遺留分に関する民法の特例」です。

特例制度について解説する前に、遺留分について確認しておきます。

遺産は、遺言書があれば遺言書のとおりに分割されるのが基本です。しかし、相続人が2人いて、1人に100％を相続させ、もう1人は0とするといった極端に不公平な分割を防ぐために設けられているのが「遺留分」という考え方です。これは、相続人が最低限もらえる遺産の割合を定めたものです。ただし、法定相続人でも兄弟姉妹には遺留分が認められていません。法定相続人の正確な範囲や遺留分の額の正確な計算は複雑なので省きます。ざっくりとした概要として、相続人が配偶者、子の場合は、遺産の2分の1、父母の場合は3分の1が遺留分全体になり、それを「法定相続分」にしたがって配分すると押さえておけばいいでしょう。法定相続分は、相続人の数によって異なり、配偶者だけの場合は全部、配偶者と子1人の場合はそれぞれ2分の1ずつ、配偶者と子2人の場合は配偶者2分の1、子がそれぞれ4分の1、などとなります。

配偶者と子が2人の場合、遺留分は全体の2分の1なので、配偶者の遺留分は遺産の4分の1（遺留分1／2×法定相続分1／2）、子それぞれの遺留分は遺産の8分の1（遺留分1／2×法定相続分1／4）となります。つまり、それぞれの子は、最低でも遺産の8分の1をもらう権利があり、もし、遺言書でそれよりも少ない相続が指定されていたとしたら、多くもらっている相続人に対して、自分の遺留分を渡すように請求できます。これを「遺留分侵害額請求権」といいます（以前は「遺留分減殺請求権」という名前でしたが、2018年の民法改正で名称が変更されるとともに、内容も少し変更されています）。

細かい数字を覚えておく必要はありませんが、「兄弟姉妹以外の法定相続人には、最低でもいくらかの遺産をもらえる権利がある」ということは押さえておきましょう。

さてここで、第2章で見た事業承継税制について再確認します。

生前贈与において事業承継税制を使う場合、オーナーの持株を100%贈与しなければなりません。すると、自社株式以外の資産が少ない場合、相続が発生したときに後継者の相続人の遺留分の侵害となり、争続トラブルとなる可能性があります。それを防ぐために導入されたのが、「遺留分に関する民法の特例」です。

これには「除外合意」、「固定合意」の2種類があります。

「除外合意」とは、相続時の遺留分の計算から、自社株式を除外するものです。例えば、相続人が長男、長女、次男の3人で、遺産が評価額3億円の自社株式(※)、現金3000万円が相続財産だとすれば、遺産分割協議の対象となるのは、現金3000万円だけだということです。この場合、各自の遺留分は、3000万円×1／2×1／3で500万円となります（対策47の例と比べてください）。

また、「固定合意」とは、相続財産として持ち戻す(※)自社株式の評価を、合意時点で固定するというものです。

これは、相続財産の評価が、相続時点で計算されることが前提にあります。例えば、事業承継時（贈与時）には自社株式の評価額が1億円だったとします。それが相続時には3億円に増えていたとしたら、差額の2億円は、先代オーナーが遺した分というより、後継者の経営によって増えた分だと考えられます。その分にまで遺留分が請求されるとなると後継者のモチベーションに関わるかもしれません。

そこで、遺留分の対象にするのは事業承継時（贈与時）の評価額に固定しておこうというのが、「固定合意」です。先の例では、全体で1億3000万円が遺留分の対象となり、各自の遺留分は約2166万円となります。

除外合意、固定合意ともに、「合意」という名前から分かるように、推定相続人全員が話し合って合意し、合意書を作成する必要があります。そして、合意後の1カ月以内に経済産業大臣の確認を受け、確認が下りたら家庭裁判所へ申し立てをして許可を受けなければなりません。家庭裁判所の許可が下りて合意の効力をもちます。また、固定合意の場合は、贈与時点の株価を税理士・弁護士などの専門家に証明してもらう必要もあります。

（※）この例の場合、自社株式は生前に贈与されています。しかし、10年以内に贈与された財産は、原則として相続時には相続財産に戻されて遺産分割や遺留分計算の対象となります。そうしないと、生前に財産を贈与しておけば、遺留分をいくらでも侵害でき、相続する人間の公平が図れないためです。これを「特別受益の持ち戻し」といいます。なお、被相続人が遺言などで「特別受益の持ち戻し免除」の意思表示を行っていた場合には、持ち戻しは行わなくてもよいので、知っておくとよいでしょう。また、相続開始前3年以内の贈与は相続税の対象となり、その場合、贈与時に支払った贈与税は相続税から差し引かれます。

対策52　遺言書の準備は基本中の基本

スムーズな事業承継と相続のため、オーナー経営者が遺言書を遺すことは、絶対に必要であり、もしまだ用意していないのなら、すぐにでも準備すべきです。

これまで本書全体を通して見てきたように、自社株式は、事業承継や相続に際して非常に扱いが難しい特殊な資産であり、その処理についてなんの指示も与えないままオーナーが亡くなってしまえば、会社にも家庭にも、深刻なトラブルを生む可能性が非常に大きいためです。さらに、自分の命がいつまでなのかは、誰にも分かりません。明日、事故にあうかもしれないのです。だから、すぐに準備しましょう。

遺言書の作成方法には、公正証書遺言、自筆証書遺言などの種類があります。公正証書遺言は最も確実に遺せますが、作成にやや手間と費用がかかります。

一方、自筆証書遺言は手軽のように思えますが、手書きで一字一句間違いなく書かなければならないので、それなりに大変です（資料部分はパソコン作成も可）。散逸や相続人による改編が起こりがちという問題もあります（最近、法務局で自筆証書遺言を預かってくれるサービスが始まりました）。

いずれにしても、遺言書の中身については、事業承継対策全体を見据えたうえで、そこから逸脱しないように作らなければなりませんし、法的に正しい書式や、遺産分割の指定の仕方をしておかないと、トラブルの原因になります。

そこで、最も安心な方法は、司法書士、弁護士などの専門家に作成してもらったうえで公正証書遺言とすることです。専門家は、ベースとなる「ひな形」を用意しているので、ゼロから考えていくよりも手軽に、法的に正しい内容の遺言書を作成できます。

遺言書は何度でも書き換えることができます。そこで、毎年の正月などに遺言書を見直し、会社や家庭の状況変化に鑑みて、必要な部分は更改していくこともおすすめです。

遺言書は、最期に家族に伝える想いでもあります。単に遺産の分け方や対策方法だけを書くのではなく、どうしてそのような分け方にするのか、家族のそれぞれにどうなってほしいのか、そういう気持ちを率直に、しかし丁寧に書いておくことも、とても大切です。そういう気持ちが込められた遺言書が遺されていれば、相続人に多少の不満があっても、

「お父さんがそういう気持ちなら……」と、尊重してもらえるものです。ぜひ、事業承継の、ひいては人生の仕上げとなるような、心を込めた遺言書を作成してください。

おわりに

本書を最後までお読みいただき、ありがとうございました。

皆さまのお役に立てそうな対策方法は見つかったでしょうか？　「はじめに」にも書いたとおり、本書は、書いてあるとおりにそのまま手続きをすればOKという「マニュアル」ではありません。事業承継のこういうシチュエーションで、こういう悩みを感じているオーナー経営者には、こんな解決策がある、こういう問題を抱えている会社には、こんな対策がある、と、さまざまな方策の所在を示した「ガイドブック」のような存在になることを意図して執筆しました。

その意図がいくらかでも実現され、1つ2つでも「これは使えそうだ」と思われる対策が見つかったのであれば、著者としてこれ以上の喜びはありません。

とはいえ、限られたページ数のなかで、ありとあらゆる対策を盛り込むことは不可能です。よく利用される基本対策、使える範囲が広い対策などを中心的に取り上げているため、もしかしたら、過去にどこかで見たことあるものが多いと感じられるかもしれません。逆にいうと、事業承継対策に〝奇手奇策〟は、基本的に存在しません。

近年でも、〝節税保険〟と称して販売されていた保険商品の販売を金融庁が禁じたり、節税効果があるとのうたい文句で販売されていた海外不動産について、損益通算を禁ずる法改正がなされたり、あるいは以前は問題ないと思われていたタワーマンションの相続後の売却が、裁判で租税回避行為に認定されるなど、法の隙間をついたような方法がどんどん否定されています。もし、そんな方法を採っていて、あとから大きな損失やトラブルが生じたとしても後の祭りです。

その反面、なんの問題もない正当な事業承継対策の方法があるにもかかわらず、知らなかったばかりに実行せず、会社から無駄なキャッシュアウトが生じてしまったとしたら、それはそれで、もったいない話ではあります。

その意味で、本書でまとめたような、ある意味オーソドックスな対策をまずは知っていただき、そのうえで、自社と家族の状況などに応じたほかの対策や応用的な方法がないかを、専門家に相談しながら検討していけばいいのです。

その際に、ぜひ活用していただきたいのが、事業承継対策における「セカンドオピニオン」です。事業承継は、オーナーにとって一生に一度の事業であるために、専門家のサポートが適切であるかどうかを判断しにくいという問題があります。

そこで、対策案について他の専門家からも意見を聞くというセカンドオピニオンの重要性が増すのです。

折しも2020年、中小企業庁は、以前の「事業引継ぎガイドライン」を全面的に改定した「中小M&Aガイドライン」を発表しました。同ガイドラインの中でも、事業承継(外部承継)における仲介会社へのサポートについて、セカンドオピニオンを求めることの重要性が、繰り返し強調されています。行政としても、事業承継におけるセカンドオピニオンの必要性、重要性を認識し、これを広めていこうという意志が確認できます。

そして、読者の皆さまが専門家のセカンドオピニオンを求める際にも、本書から得られた知識はきっとお役に立てると確信しています。

末筆となりますが、皆さまの事業承継が無事に成功し、ご家族、社員の皆さまが末永く幸せに暮らせることを、心よりお祈り申し上げます。

相続・贈与における株価の評価方法

株式市場に上場している会社の株価は、株式市場で決まります。

一方、株式市場に上場していない非上場会社（取引相場のない会社）の株式は、市場価格がありませんので、なんらかの基準で評価をして時価（株価）を決めなければなりません。

相続や贈与で移転される際に、相続税、贈与税の課税価格を計算するための評価方法は、国税庁の「財産評価基本通達」で定められています。そして、財産評価基本通達の方法も、株主の状況や会社の実態に応じて、複数の計算方法があります。

なお、財産評価基本通達は、あくまで相続税、贈与税の課税価格を計算する際の評価方法（相続税法上の評価）で、法人税や所得税を計算するときの評価方法は、これを援用しつつ、多少異なる方法になっています。

また、M&Aなどの私的契約における株価は、税法上の評価とは関係なく、独自の算出理論で定められます。

このように、非上場会社の株価には、いくつもの評価方法があり、場面に応じて適切な方法が用いられなければならない点が、自社株式の相続や事業承継を複雑にさせる一つの要因です。

以下では、財産評価基本通達に基づく評価方法を解説します。

●ステップ1：「原則的評価方式」か「特例的評価方式」か?

非公開会社の株式の評価は、まず「原則的評価方式」と「特例的評価方式」とに分かれます。

まず、特例的評価方式は、同族会社において、

・同族以外の株主

・同族であっても中心的ではない議決権の5%未満保有の少数株主が持つ株式の評価方法です。

配当還元方式の算式

$$\frac{\dfrac{\text{直前期末以前２年間の平均配当額}}{\text{直前期末の資本金等の額}\div 50\text{円}}}{10\%} \times \frac{\text{１株あたりの資本金等の額}}{50\text{円}} = \text{配当還元価額}$$

多くの場合、これらの株主は、ほぼ配当金だけを目的としています。そのため、特例的評価方式は、配当金額を一定の利率（10％）で還元した価額を株価とする「配当還元方式」が用いられます。算式は上のとおりです。

一般的には、特例的評価方式は、他の株価評価方法に比べて、株価は低くなります。また、配当金がゼロであっても使えます。

特例的評価方式に当てはまらない株主が保有する株式は、すべて原則的評価方式で評価します。原則的評価方式には、「類似業種比準方式」と「純資産価額方式」とがあります。

●ステップ２：「類似業種比準方式」か「純資産価額方式」か？

原則的評価方式のうち、類似業種比準方式と純資産価額方式のどちらが適用されるのかは、以下の流れで判定していきます。

▼（2−1） 会社規模を判定する

原則的評価方式では、会社は「大会社」「中会社の大」「中会社の中」「中会社の小」「小会社」の5区分のいずれかに分類されます。

どの区分に該当するかは、「従業員数」「直前期末の総資産価額（簿価）」「直前期末以前1年間の年間取引金額」の3つの要素で決められます。

判定表と、以下のプロセスをあわせて確認してください。

①従業員数が70人以上なら、すべて大会社と判定されます（従業員数は、役員を含めず、直前期末以前に1年以上継続して勤務した人）。

②従業員が70人未満の場合、区分表の「従業員数」で当てはまる数値の区分と、「直前期末の総資産価額」で当てはまる数値の区分とを確認して、低いほうで該当している区分を適用します。例えば従業員数が「大会社」の区分、総資産価額が「中会社の中」

［図表 付-1］ 会社規模の判定表

会社の規模		従業員数	簿価総資産価額			取引金額		
			卸売業	小売業・サービス業	その他	卸売業	小売業・サービス業	その他
大会社		70人以上	従業員70人以上はすべて大会社					
大会社		35人超	20億円以上	15億円以上		30億円以上	20億円以上	15億円以上
中会社	大	35人超	4億円以上	5億円以上		7億円以上	5億円以上	4億円以上
中会社	中	20人超	2億円以上	2億5000万円以上		3億5000万円以上	2億5000万円以上	2億円以上
中会社	小	5人超	7000万円以上	4000万円以上	5000万円以上	2億円以上	6000万円以上	8000万円以上
小会社		5人以下	7000万円未満	4000万円未満	5000万円未満	2億円未満	6000万円未満	8000万円未満

の区分であったとしたら、「中会社の中」の区分を適用します。

③②で適用した区分と「直前期末以前1年間の年間取引金額」で当てはまる区分を比較して、高いほうの区分が最終的に該当区分と判定されます。例えば、総資産価額が「中会社の中」の区分、直前期末以前1年間の年間取引金額が「中会社の大」の区分であれば、「中会社の大」と判定されます。

▼（2―2）特定会社に該当するか否かを判定する

（2―1）で区分した会社の規模にかかわらず、原則として純資産価額方式で株価評価をしなければならないのが、特定会社です。

特定会社に該当するかどうかの基準は、以下のとおりです。

・比準要素数1の会社（類似業種比準方式で計算する場合に、直前期の3比準要素のうちいずれか2要素がゼロ以下であり、かつ、直前々期において、2要素以上がゼロ以下である会社）

・「株式保有特定会社」（総資産に占める株式の保有割合が50％以上の会社）

・「土地保有特定会社」（総資産に占める土地の保有割合が、大会社で70％以上、中会社で90％以上、などの会社）

・開業後3年未満の会社

・比準要素数のすべてがゼロの会社

・清算中の会社

・開業前または開業準備中の会社

[図表 付 -2] 原則的評価による、会社の規模ごとの評価方式

会社の規模	評価方式1	評価方式2
大会社	類似業種比準価額	純資産価額
中会社の大	類似業種比準価額 90% ＋純資産価額 10%	
中会社の中	類似業種比準価額 75% ＋純資産価額 25%	
中会社の小	類似業種比準価額 60% ＋純資産価額 40%	
小会社	類似業種比準価額 50% ＋純資産価額 50%	

▼（2―3）評価方式を決める

このような手順で会社の区分が判定できたら、次にその区分ごとに定められた株価評価方式を確認します。

いずれの区分においても、評価方式は2通りがあります。そして、両方で計算して、株価が低くなる方式を、採用することができます。

●類似業種比準方式の計算

類似業種比準方式とは、文字どおり、業種が類似する上場企業の株価と比較することで、株価を算定する方式です。とはいえ、条件が異なる会社の株価を直接適用することはできないため、なんらかの基準で比較する必要があります。

類似業種比準価額の計算式

$$A \times \frac{\frac{b}{B} + \frac{c}{C} + \frac{d}{D}}{3} \times 斟酌率^{※} \times \frac{1株当たりの資本金等の額}{50円}$$

A：類似業種の株価

b：評価会社の直前期末および直前々期末の１株当たりの配当金額
B：課税時期の属する年の類似業種の１株当たりの配当金額

c：評価会社の直前期末以前１年または２年間の年平均の利益金額
C：課税時期の属する年の類似業種の１株当たりの年利益金額

d：評価会社の直前期末における１株当たりの簿価純資産価額
D：課税時期の属する年の類似業種の１株当たりの簿価純資産価額

斟酌率：大会社0.7、中会社0.6、小会社0.5
アルファベットの数値は１株当たりの資本金等の額を50円とした数値

その比較基準となるのが比準要素で、「配当金額」「利益金額」「簿価純資産価額」の３つの比準要素が用いられます。

少し複雑な感じがしますが、３階建ての分数になっている部分がポイントです。ここをよく見ると、b、c、d、の各要素、つまり、自社の配当金額、利益金額、簿価純資産価額のいずれかが大きくなるほど自社の株価が上がり、小さくなるほど自社の株価が下がることが分かると思います。

ここから、類似業種比準方式が用いられる場合は、配当か、利益か、簿価純資産額が下がるタイミングが株価の下がるタイミングになるという、

第2章の説明が導かれるのです。

●純資産価額方式の意味と計算方法

貸借対照表の総資産から負債を引いた残りが、純資産です。純資産は、現時点で会社を清算して資産をすべて売却したときに残る金額です。純資産価額方式では、簿価ではなく、各資産や負債を相続税評価額に引き直した価格が基準となります。類似業種比準方式の比準要素の1つである簿価純資産とは異なる金額になる点に注意してください。

純資産価額方式の計算方法は以下のとおりです。

（1）「相続税評価による時価総資産額－相続税評価による時価負債金額」により、「相続税評価による時価純資産価額」を算出する。

（2）「相続税評価による時価純資産価額」から、簿価純資産価額を差し引いて差額（＝含み益）を算出する。

（3）（2）で算出された差額（＝含み益）に、法人税率37％を掛けた金額を、（1）の

$$\frac{\text{相続税評価による時価純資産価額} - (\text{含み益} \times 0.37)}{\text{発行済み株式数}} = \text{純資産価額方式による株価}$$

（含み益＝相続税評価による時価純資産価額−簿価純資産価額）

「相続税評価による時価純資産価額」から差し引く。

（4）（3）で算出した純資産価額を発行済み株式数で除したものが、株価となる。

文章で書くとややこしそうに見えますが、式にまとめると上のようになります。なお、含み益に対する法人税相当額分（37％）が差し引かれるのは、会社を解散して会社の財産を株主に分配する際には法人税が課税されるため、その分をあらかじめ株価からは除いておくという考え方に基づいています。

税理士法人チェスター
2008年6月2日設立。相続税申告を中心に、相続・事業承継対策、その他資産税関連業務を行う税理士事務所。職員総数216名、全国に7拠点展開（三越前、新宿、横浜、大宮、名古屋、大阪、福岡）。年間1500件（累計7000件以上）を超える相続税申告実績は税理士業界でもトップクラスを誇り、中小企業オーナー、医師、地主、会社役員、資産家の顧客層を中心に、低価格で質の高い相続税申告サービスやオーダーメイドの生前対策提案、事業承継コンサルティング等を行っている。『オーナー経営者のための事業承継「決定版」』（パブラボ）、『ど素人ができる相続＆贈与の申告』（翔泳社）、『相続はこうしてやりなさい』（ダイヤモンド社）など著書多数。

本書についての
ご意見・ご感想はコチラ

オーナー社長の悩みを解決！
事業承継成功の秘訣52

二〇二一年六月二九日　第一刷発行

著　者　税理士法人チェスター
発行人　久保田貴幸
発行元　株式会社　幻冬舎メディアコンサルティング
〒一五一-〇〇五一　東京都渋谷区千駄ヶ谷四-九-七
電話　〇三-五四一一-六四四〇（編集）
発売元　株式会社　幻冬舎
〒一五一-〇〇五一　東京都渋谷区千駄ヶ谷四-九-七
電話　〇三-五四一一-六二二二（営業）
印刷・製本　シナノ書籍印刷株式会社
装　丁　立石　愛

検印廃止

Printed in Japan　ISBN 978-4-344-93260-9 C0034
幻冬舎メディアコンサルティングＨＰ　http://www.gentosha-mc.com/